BAINS DE MER

AGON-COUTAINVILLE

NOTICE HISTORIQUE

PAR

L'ABBÉ E. REGNAULT

CURÉ D'AGON

COUTANCES

IMPRIMERIE DE SALETTES, LIBRAIRE.

ÉGLISE D'AGON

AGON-COUTAINVILLE

NOTICE HISTORIQUE

PAR

L'ABBÉ E. REGNAULT

CURÉ D'AGON

COUTANCES

IMPRIMERIE DE SALETTES, LIBRAIRE.

LETTRE

DE M. FRANÇOIS COPPÉE

De l'Académie Française

A L'AUTEUR

—✦—

Paris, 16 Janvier 88.

Excusez-moi, Monsieur le Curé, mais que pourrais-je dire sur Coutainville? Que j'aime cette admirable plage, où j'ai si bien travaillé en octobre 1884 Les baigneurs étaient partis. J'étais seul, ou à peu près, dans le désert des dunes. Toutes les cabanes étaient fermées; il n'y en avait plus qu'une où brillait une petite lumière; celle de la lampe qui éclairait le manuscrit, naissant page à page, de My Jacobity. Quelles bonnes et longues promenades j'ai faites, chaque jour, le long de la grève, du côté de Blainville! Le vent d'automne m'envoyait au visage un peu de la mousse des embruns; les oiseaux de mer me connaissaient sans doute, car, presque familiers, ils ne s'envolaient que lorsque j'arrivais tout près d'eux; et le large rythme de la grande lame de fond scandait les vers qui chantaient dans mon esprit. Tout cela fait que j'aime Coutainville, comme un pays où j'ai noblement vécu, tout à mon rêve. Mais y a-t-il là un intérêt pour les lecteurs de votre notice? Vous avez mieux à leur dire sur ce charmant coin de la Normandie marine, sur ce lieu d'origine des Tourville, du grand amiral, qui, n'ayant plus de mitraille à cracher sur les Anglais, fit charger ses caronades avec des sacs de louis d'or. Enfin, s'il ne vous manque que l'expression de ma sympathie pour votre utile et curieux travail d'histoire locale, je vous l'envoie et bien sincère, en vous priant, Monsieur le Curé, d'agréer aussi mes respectueux sentiments.

FRANÇOIS COPPÉE

PRÉFACE

Le touriste qui parcourt la basse Normandie et en particulier le département de la
Manche, ne doit pas oublier de visiter en détail
l'un des monuments les plus remarquables du
moyen âge, la splendide Cathédrale de Coutances (1) avec son style ogival d'une pureté
irréprochable, avec ses deux tours élancées qui
semblent s'élever jusqu'au ciel, et son dôme
aérien si majestueux et si grandiose. Aussi
Vauban, ce grand homme, juge si compétent,
à la vue de cette merveille, s'écria dans son
admiration : Quel est donc le fou sublime qui
a osé lancer dans les airs un pareil monument?
Placée entre le chœur et la nef, cette tour est

---

(1) Coutances qui dans le principe s'appelait *Cosedia*
changea son nom pour celui de *Constantia*, du nom de
l'empereur Constantin Chlore qui fit fortifier cette ville
à la fin du iii° siècle.

bien le symbole de la prière des prêtres et des fidèles qui monte vers le ciel plus unie et plus puissante.

Au sortir de Coutances, sur la route d'Agon-Coutainville, le voyageur doit s'arrêter un instant en face d'un Aqueduc monumental. Le premier aqueduc qui amena l'eau d'une fontaine voisine dans la ville de Coutances fut bâti par les Romains. Ceux-ci cherchèrent toujours à s'assurer la soumission des peuples conquis en les faisant participer aux bienfaits de leur civilisation. Ils comprirent que l'eau est un des premiers besoins qu'on doit satisfaire ; aussi bien, n'épargnèrent-ils aucuns soins, aucune dépense pour conduire dans leurs villes, des eaux salubres et abondantes. Coutances était alors un point trop important pour que ses conquérants n'eussent pas la pensée de la doter des eaux nécessaires. D'après une tradition assez généralement admise, ce serait l'empereur Constance Chlore qui, après y avoir fortifié Coutances, après y avoir placé une garnison, lui aurait procuré de l'eau, au moyen de cet aqueduc.

CATHÉDRALE ET AQUEDUC DE COUTANCES

Cet ouvrage, comme tous les autres monuments que les principales villes de la Gaule devaient au gouvernement riche et puissant des Romains, fut anéanti par les peuples du Nord qui portèrent partout la ruine, le pillage et la destruction. Reconstruit au xiiie siècle, selon les uns par Foulques Pesnel, alors gouverneur de la ville, selon les autres par les Dominicains, cet aqueduc ne présente plus aujourd'hui que de belles ruines, d'un effet pittoresque, et après la Cathédrale, c'est le seul monument antique que la ville de Coutances puisse offrir à la curiosité des étrangers.

Bientôt on rencontre sur la route d'Agon le petit village de la Belle-Croix, indiqué sur la carte de Cassini. Il tire son nom d'une grande croix en granit renversée à la première Révolution et replacée en 1817.

Nous touchons aux limites d'une localité qui revendique, à juste titre, l'honneur d'avoir vu naître un illustre personnage, l'une des gloires de son siècle : j'ai nommé Anne-Hilarion de Costentin, chevalier, seigneur et comte de Tourville, le plus grand marin de son époque, l'amiral de Tourville, celui que Louis XIV nomma maréchal de France après le désastre de la Hougue (1).

Le 29 mai 1692, les flottes combinées de l'Angleterre et de la Hollande, sous les ordres de l'amiral Russel, vinrent offrir le combat à l'amiral Tourville. Quoique les forces ennemies fussent de beaucoup supérieures, puisqu'elles se composaient de quatre-vingt-huit vaisseaux de haut-bord, tandis que Tourville n'en avait que quarante-quatre; l'intrépide marin accepte le combat, pendant toute une journée il tient l'ennemi en échec; mais enfin, écrasé par le nombre, il coule quatorze de ses vaisseaux, et par ce coup hardi il empêche les Anglais de s'en emparer (2).

Le grand roi lui rendit justice en lui écrivant : « J'ai eu plus de joie d'apprendre

(1) Fort situé à un kilomètre de Saint-Waast, en face des îles Saint-Marcouf.

(2) Dans les grandes marées, à mer basse, on aperçoit encore aujourd'hui les débris de ces navires coulés par ordre de l'amiral.

qu'avec quarante-quatre de mes vaisseaux vous en avez battu quatre-vingt-dix de ceux de mes ennemis pendant un jour entier, que je ne me sens de chagrin de la perte que j'ai faite. »

A cinq kilomètres, sur la route d'Agon, se trouve le vieux manoir où l'illustre marin a reçu le jour. — Saluons en passant cette grande figure du siècle de Louis XIV! Une petite chapelle, aujourd'hui abandonnée, appelée la chapelle aux Jacquets, du nom de son fondateur, Germain Jacquet, aïeul de l'amiral, indique au voyageur le chemin qui conduit au manoir de Tourville.

Cette chapelle doit dater de l'année 1474. Elle était sous le vocable de saint Germain, patron de son fondateur. Un prêtre attaché à l'église de Tourville devait y célébrer le saint sacrifice de la messe tous les lundis.

La rente créée pour cette fondation a été, depuis la Révolution, cédée à l'hospice de Coutances.

A une faible distance, c'est la petite bourgade de Tourville. Elle n'a rien de remarquable, sinon la vue splendide du jardin du presbytère d'où l'on découvre la pointe du rocher de Granville, les îles Chausey, le port de Regnéville, Montmartin, Montchaton, le Pont de la Roque, Orval et Heugueville. Cette vue nous rappelle la baie de Naples que nous avons visitée naguère, et dont le délicieux souvenir ne s'effacera jamais de notre mémoire (1).

Vite franchissons un petit ruisseau traversé par un pont et nous serons sur le territoire d'Agon-Coutainville, ce charmant lieu de bains, situé sur la côte de Carteret à Granville, en face des îles de Jersey et de Chausey.

Pour plus de clarté et de précision, nous diviserons cette notice en deux parties. Dans la première nous envisagerons l'histoire d'Agon au point de vue religieux. Dans la deuxième nous l'envisagerons au point de vue profane ou civil.

(1) La cloche que renferme la tour eut pour parrain le maréchal de Tourville, ainsi que le fait connaître l'inscription qu'elle porte :

Je m'appelle Anne-Hilarion et j'ai été nommée par haut et puissant seigneur Anne-Hilarion de Costentin, maréchal de Tourville.

PREMIÈRE PARTIE

HISTOIRE RELIGIEUSE D'AGON

Agon, Aagon, Agons, tels sont les noms par lesquels on désigne cette paroisse dans les anciennes chartes. Agon veut dire lieu environné d'eaux. C'est en effet une sorte de promontoire qui s'avance dans la mer ; au sud, est la baie de Regnéville, à l'ouest, le havre de Coutainville. Sur le littoral, les rochers sont presque toujours cachés sous les eaux, ils n'apparaissent qu'aux grandes marées.

CHAPITRE Ier.

SAINT EVROULT, PATRON DE LA PAROISSE D'AGON.

Au vi^e siècle de notre histoire, un illustre et saint personnage vint évangéliser le diocèse d'Avranches. Il se nommait Evroult. Natif du diocèse de Bayeux, issu d'une famille puissante selon le monde, Evroult fut en grand crédit auprès des princes de la terre. Childebert, roi d'Austrasie, et la reine Faillube, son épouse, venaient le visiter. Les rois le prenaient pour arbitre de leurs différends, car l'année même de sa mort il négocia un traité entre Gontran et Childebert, son neveu, par lequel Gontran cédait à Childebert, outre le pays d'Avranches, plusieurs beaux domaines en Neustrie.

Après avoir vécu quelque temps à la cour, où il exerçait un emploi important, Evroult quitta le monde et se retira d'abord au monastère des Deux-Jumeaux (1) comme dans une solitude où il pourrait travailler plus sûrement à sa propre sanctification.

La fondation de cette célèbre abbaye mérite d'être racontée. Au vi^e siècle, un abbé de Vertou (Loire-Inférieure), revenant de la Grande-Bretagne, ressuscita deux jumeaux morts sans avoir reçu le baptême. Leur père, riche habitant du Bessin, fut si touché de ce miracle qu'il fonda de ses biens une abbaye où le saint Abbé consacra ces deux jumeaux à la vie monastique. Saint Evroult, qui était du même pays, contribua aussi de ses deniers à cette fondation et réclama une place dans ce monastère. Il y fut reçu avec des transports de joie par l'Abbé et ses Religieux qui l'entouraient d'une profonde vénération.

Nous lisons dans un poème composé vers la fin du xiie siècle par un moine de l'abbaye de Saint-Evroult, les passages suivants, concernant la famille de ce Saint et son séjour à Deux-Jumeaux.

(1) Saint-Martin-des-Deux-Jumeaux, *de duobus Gemellis,* canton d'Isigny (Calvados).

Saint Evroult li père honorable
Fut un hons doux et amiable
Qui fut de Baïeux la cité
De genz de noble antiquité,
Dez plus nobles d'icel païs,
Et si n'estoient pas haïs
De lor veisins, mes moult amiz
De bonne vie réclamez.....
Et Evroult ne s'oblia mie.
Ains devint moine, et se rendi
En un lieu, si com j'entendi,
En une mult riche abeïe
Se mist et mena sainte vie.
Ilec à Dieu se commanda,
Chascun jor sa vie amenda,
Perfes fut en devocion,
Et en sainte religion.
Cil qui nous a escript sa vie,
Par nom si ne nos nomma mie
Celui où à Dieu se rendi
Mais par anciens entendi
(Qui ce devoient savoir bien
Mentir n'en vousissent par rien
Si com je croi bien fermement)
Que il fu anciennement
Une abeïe à Dieu sacrée
Qui Dex-Jumeaux fu apelée,
(Por ceu que dex estant jumeaux
Mult nobles, et riches, et beaux
Fil d'un noble homme, avant baptesme
Ne qu'énoï fussent de cresme

Furent mort trop soudenement
Du voleir à cil qui ne ment
Bien prez de Baïeux la cité
Qui est de grand antiquité)
Qu'un sainz par don ilec fonda
Qui de sainté mult abonda.
Qui sainz Martin fut apelé,
A cui par Dieu fut révélé
Que il revinsist d'Engleterre
Por visiter et por enguerre
Comment sez gens font en païs
Où il n'esteit mies haïs.
La vision tost éprouva
Au païs vint. Lors ci trova
Dolenz et marriz ses amiz.
A reson doncques les a miz
Et demanda que il avoient
Et pourquoy tendrement ploroient
Il li ont conté l'aventure
Des dex enfanz, qui fu trop dure,
Comment avant crestienté
Furent mort, et cil qui enté
Avait en Dieu tres tout son cuer,
Ne poet soffrir com à nul fuer
Soient li fruit perdu. Qu'il puisse
On convient ; donc se dit qu'il truisse
Comment il les suscitera.
Granz prières à Dieu fera
Adonc s'est mis en oreison
Et prie Dieu, com est raison,
Et requiert mult dévotement,

Quant ont ouré mult longuement
Et sont que Diex le visita,
Les enfants adonc suscita,
Et les fist tantost crestiens,
Et l'or enseigna mult de biens,
Et les fist moines, comme sage,
En lieu de lor propre héritage,
En l'abeïe qu'ont fondée
Qui Dex-Jumeaux fut apelée,
Por les jumeaux qu'ont suscitez
Quant out ses amis visitez,
Encor pert aus granz fondemenz
Et aus mons de pierre, ossemenz,
Que del sainct l'abitacion
Ennoura cele region.
Après ce que il l'ont fondée
Ne sai où fu sa demourée,
Ne mes livres ne me dist mie
Comment parti de ceste vie
A icel tans qu'il la fonda,
Li bons Evrous mult abonda,
En biens et en mult de richesse,
Et en honnours et en noblesse.
Ei il mist du soen largement,
Et aïda dévotement
Aus fondéours, qui la fondèrent,
Et qui de lor biens i donnèrent,
Et aida, et conseilla
Et au parfaire mult veilla.
Et por ceu qu'il l'aveit fondée
En partie, sa demourée

Y out, et o dévocion,
Y eslut s'habitacion,
Et prist l'habit de moniage
Et le maintint tout son aage,
Et mena si parfeite vie
Que tant con fu en l'abeïe
A l'abbé ni faillit nient.
Tozjors il fut obédient. (1)

Cependant Evroult, craignant de concevoir de la vanité à cause des honneurs extraordinaires qu'on lui rendait en ce monastère, se retira avec trois autres moines, d'abord à Lisieux où il fonda une Abbaye, puis dans la forêt d'Oouche au diocèse de Séez.

Caché dans cette solitude, il se donna tout entier à la vie monastique, et devint fondateur et père de quinze grandes maisons religieuses. Leurs noms sont inconnus aujourd'hui; Orderic Vital, au XIIe siècle, déclarait que de son temps on ne les connaissait plus. Mais ce qui est incontestable, c'est qu'il vint au pays de Mortain et fit bâtir dans cette ville un monastère à l'endroit où se trouve

(1) *Société historique et archéologique de l'Orne,* t. VI, *p.* 16-23.

actuellement l'hospice. Ce monastère fut détruit au temps des invasions normandes, et ensuite relevé de ses ruines par le comte Robert de Mortain, frère de Guillaume le Conquérant.

Philippe de Valois, roi de France en 1330, et Henri V, roi d'Angleterre, confirmèrent les franchises et les privilèges du doyen et du chapitre de Saint-Evroult de Mortain.

Ce chapitre disparut à la Révolution, mais le peuple de Mortain conserva la collégiale, qui est le monument le plus remarquable de cette ville. Chaque année, la fête de saint Evroult y est célébrée avec beaucoup de solennité.

Une fontaine abondante, que l'on désigne encore aujourd'hui sous le nom de Fontaine-Saint-Evroult, est le seul vestige qui fasse connaître l'emplacement de l'abbaye de ce nom.

Saint Evroult est-il venu annoncer la parole de Dieu à Agon ? L'histoire est muette sur ce point ; mais ce qu'il y a de certain, c'est qu'il y avait jadis à Agon un prieuré de moines de Saint-Evroult, situé près de l'église, dans les bâ-

timents actuellement occupés par la famille Le-
rosty. Il y a peu d'années, en creusant les fonda-
tions d'une maison voisine, les ouvriers ont mis à
découvert plusieurs sarcophages remplis des os-
sements de ces moines. L'église d'Agon, dont
nous donnerons la description dans le chapitre
suivant, placée sous le vocable de saint Evroult,
était desservie par les moines du prieuré.

CHAPITRE II

Agon possède une église principale et deux chapelles ouvertes au culte public avant la Révolution, mais aujourd'hui complètement abandonnées (1).

L'église d'Agon, bâtie en forme de croix, est de plusieurs époques. La nef, qui d'après la tradition servait de chapelle aux moines de Saint-Evroult, remonte au xe ou xie siècle. Les changements qu'elle a subis lui ont enlevé son caractère primitif; cependant le mur septentrional appartient encore à la première construction, car les pierres y sont disposées en arêtes de poisson, c'est-à-dire inclinées alternativement à droite et à gauche.

(1) Voir l'église d'Agon au frontispice.

Le chœur est du xvı^e siècle; les arceaux croisés de la voûte, qui est en pierre, sont à nervures prismatiques ou anguleuses. Le mur absidal est à pans coupés, et les contreforts sont appliqués sur les angles, ce qui indique le xve ou le xvı^e siècle.

A droite se trouve la chapelle de la Sainte-Vierge, à gauche celle de Saint-Clément, patron des marins. Chacune d'elles possède un vitrail remarquable, sorti des ateliers de M. Lorin, de Chartres.

Le vitrail de la chapelle de la Sainte-Vierge, offert par M. et Mme Arthur Guérin d'Agon, colonel du 2e chasseurs, représente l'Adoration des Mages, et celui de la chapelle Saint-Clément, un naufrage. Au plus fort de la tempête, saint Clément apparaît aux marins désespérés, et leur montrant du doigt l'Etoile du salut, il ranime leur courage et leur inspire confiance. Ces deux vitraux sont parfaitement réussis.

La fenêtre de la chapelle de la Sainte-Vierge est du xve siècle, peut-être même de la fin du xıv^e. Elle est à deux baies divisées par un meneau. Le centre de l'arcade est à plusieurs compartiments, au milieu desquels on distingue une rose polylobée. La fenêtre de la chapelle Saint-Clément est du même style, mais de date récente.

Une grosse tour carrée partage le chœur et la nef. Elle est inachevée, ou plutôt elle a perdu son couronnement, qui a été remplacé plus tard par un petit toit à double égout. Jadis un télégraphe aérien avait été installé dans cette tour. De son sommet la vue est splendide. On découvre la côte de Carteret, Jersey, les îles Chausey, les côtes de Bretagne, le cap Fréhel, Saint-Malo-de-l'Isle, Cancale, Granville, les montagnes de Percy, la cathédrale de Coutances, etc., etc. C'est un horizon parfait.

Les arcades ogivales au-dessus desquelles s'élève la tour, reposent sur des pilastres garnis de colonnes engagées. La partie inférieure de la tour doit appartenir au xiiie siècle. Cette lourde tour qu'on aperçoit de loin en mer est recouverte à l'extérieur d'une couche de mortier blanchi. Elle sert ainsi de point de ralliement aux marins; dans la pêche des huîtres ils prennent leurs amers sur cette tour et peuvent ainsi plus facilement reconnaître les bancs ou séjournent ces mollusques.

Enfin l'église est précédée d'un porche couronné par un fronton dont les remparts sont garnis de moulures qui ressemblent assez à des jets de flammes. Ce porche est du xve siècle.

Depuis dix ans, des travaux considérables ont été exécutés à l'intérieur de cette église, et elle doit être mise au nombre des plus remarquables du diocèse de Coutances.

La grande cérémonie du 20 août 1887 a laissé dans la mémoire des habitants d'Agon un impérissable souvenir. En ce jour, Monseigneur Abel-Anastase Germain, évêque de Coutances et Avranches, a béni, au milieu d'une affluence immense, deux nouvelles cloches qui, ajoutées à l'ancienne, forment un très beau carillon. La plus grosse (1), nommée Louise-Amélie - Aline - Marie, a eu pour parrain M. Edouard Tirel de la Martinière, député de la Manche, et pour marraine, Madame Pierre

(1) Du poids de 1800 kilogrammes.

Dudouyt, née Jehenne, épouse de M. Pierre Dudouyt, docteur-médecin à Coutances. —La seconde (1), nommée Marcelle-Cécile-Louise-Agathe, a eu pour parrain M. le baron Marcel Fain, sous-lieutenant au 54ᵉ de ligne, et pour marraine, Mlle Jenny Foubert.

Ces trois cloches forment un accord parfait qui excite l'admiration de toute la contrée (2).

En outre de l'église principale, érigée, comme nous l'avons dit, sous le vocable de saint Evroult, il y avait encore, avant la Révolution, dans la paroisse d'Agon, deux chapelles ouvertes au culte public.

L'une appelée la Madeleine ou chapelle Sainte-Anne est située près du sémaphore, à peu de distance du château d'Agon. Sa fondation remonte au XIIᵉ siècle. Nous lisons en effet, dans la *Gallia Christiana*, qu'en l'an 1177, Richard II, évêque de Coutances, autorisa le seigneur ou toparque d'Agon à bâtir cette

(1) Du poids de 1300 kilogrammes.
(2) Elles sortent des ateliers de MM. Viel-Tetrel, fondeurs à Villedieu-les-Poëles.

chapelle (1). Elle est encore debout, avec ses deux petites fenêtres à ogives pointues dans le mur méridional, et trois arcades cintrées dans le mur de l'est, mais elle est réduite à l'état de grange.

L'autre chapelle, sous le vocable de saint Christophe, est située à Coutainville ; c'est la chapelle du Manoir de ce nom. Depuis plusieurs années elle est fermée au culte ; elle doit dater du xve siècle, ou des premières années du xvie.

(1) *Toparchæ d'Aagon œdificandæ capellæ licentiam fecit anno 1177.*

CHAPITRE III

CURÉS-ARCHIPRÊTRES D'AGON JUSQU'A L'ÉPOQUE
DE LA RÉVOLUTION.

La cure d'Agon dépendait de l'archidiaconé
et du doyenné de la Chrétienté et payait une
dîme de cinquante livres. Le prieur de l'abbaye de Saint-Lo de Rouen et le chapitre de
l'Eglise Cathédrale de Coutances exerçaient en
commun le droit de patronage et nommaient
alternativement à la cure d'Agon. Au xiii⁰ siècle, ils partageaient la dîme des fruits, du lin
et du chanvre (1).

Robert Iᵉʳ, duc de Normandie, possédait à
Agon un fief qui mettait l'église sous sa dé-
pendance, car, en l'année 943, il donna à
Thierry, évêque de Coutances, la moitié du

---

(1) *Et percipiunt omnes decimas frugum lini et ca-
nabi in territorio quod dicitur de Agon.*

revenu de ladite église. Cette donation se trouve confirmée dans la charte de 1349, donnée par Philippe le Bon (1).

Les chanoines de Saint-Lo de Rouen eurent plus tard, à Agon, une prébende qui se composait de la moitié de l'église avec la moitié de la dîme et une charruée de terre, c'est-à-dire, ce qu'une charrue attelée de six bœufs labourait dans un jour, car dans une charte confirmative des biens de son église, que l'évêque de Coutances obtint du roi Philippe V, au mois de mai 1319, on lit, en parlant des églises que les chanoines de Saint-Lo de Rouen étaient obligés de desservir et qui avaient été réunies à celles de Coutances : « Et aussi la moitié de l'église de la ville qu'on appelle Agon ainsi que la moitié de la dîme et une charruée de terre (2).

Le curé d'Agon est un des quatre archiprêtres de l'insigne Eglise de Coutances. La

(1) Le Canu, *Histoire des Evêques de Coutances.*

(2) *Necnon et medietas ecclesiæ illius villæ quæ dicitur Agon cum medietate decimæ et terræ unius aratri. (Gallia Christiana.)*

cure vaut six cents livres. Les prébendés de Saint-Samson, Quibou et la Mancellière, chanoines de Coutances, et l'abbé religieux de Saint-Lo de Rouen, en sont patrons alternatifs. Un tiers des dîmes appartient au curé, et les deux autres à un chanoine d'Avranches. Il y a à Agon quatre fiefs (1) : le premier, fief d'Agon pour lequel il y a procès au parlement de Rouen; le second, fief de Coutainville pour les héritiers de feu sieur de Costentin; le troisième, fief du chanoine d'Avranches, la Flague; le quatrième, fief du roy.

Le curé d'Agon portait le titre d'archiprêtre

---

(1) FIEF D'AGON : Mᵉ Etienne Blanchet, avocat à Coutances, en est le sénéchal, et Balthasar Dupré, huissier, le greffier, 1000 livres de rente.

FIEF DE COUTAINVILLE : Mᵉ Denis Eneys en est le sénéchal, et Jacques Lebas le greffier.

FIEF DE LA FLAGUE : Jehan Lemaistre en est le sénéchal, et Nicolas Lemaître en est greffier.

Le fief d'Agon vaut 1000 livres de rente. — Le moulin à bled 300 livres de rente. — Un four à ban 100 livres.

Le fief de Coutainville vaut 200 livres de rente. — Un colombier 150 livres de rente. — Un four à ban 200 livres de rente.

Le fief d'Avranches vaut six vingts livres de rente.

et avait une officialité ; sur les états du clergé diocésain, il est placé à la tête des curés et dans les synodes il prend rang parmi les officiers de l'évêché. Aux grandes fêtes de l'année, il est obligé d'aller à Coutances pour assister, en habits sacerdotaux, l'évêque lorsqu'il officie pontificalement. Il a pleine juridiction ecclésiastique sur ses paroissiens, il ne doit point de déport ; il n'est point obligé d'assister aux synodes et son vicaire n'est point tenu de prendre des lettres de vicaire pour desservir.

De temps immémorial, les curés d'Agon avaient le droit d'accorder dispense de deux publications de bans pour les mariages.

Voici les noms des Curés, Vicaires et autres Prêtres qui ont exercé le Saint Ministère dans la paroisse d'Agon depuis l'année 1690 jusqu'à la Révolution :

1690 Paul-Gédéon Quilleau, curé-archiprêtre, mort le 7 juin 1703 et est inhumé dans le chœur de l'église.

A cette même époque, Jacques Lebon était vicaire et chapelain de Saint-Christophe de Coutainville.

1702 Hélye Duperron, vicaire.

1703 François Davy, prêtre attaché à l'église d'Agon.

1704 Pierre-François Rommy est nommé curé-archiprêtre d'Agon, et Hélye Duperron, vicaire.

1715 Jean-Joseph Lechevallier succède comme curé à Pierre-François Rommy.

1722 Jean-Théodore Guérin, seigneur et patron d'Agon, prêtre. — Nicolas Lehuby, prêtre.

1726 Pierre Nicole, vicaire d'Agon, Jean Eguay, prêtre.

1727 Antoine de l'Ecluse.

1729 François d'Orgemont succède à Jean-Joseph Lechevallier.

1732 Pierre Nicole nommé vicaire en remplacement de Elie Tanquerey.

1740 Pierre Deslandes est nommé chapelain de Saint-Christophe de Coutainville.

1740 Mort de M. d'Orgemont, le 19 novembre. — Il est inhumé dans le chœur de l'église d'Agon.

1741 Noël Lhullier, prêtre.

1742 M. Bichüe, licencié en théologie de la faculté de Paris, remplace M. d'Orgemont comme curé d'Agon et archiprêtre de la Cathédrale de Coutances.

1748 Mort d'Elie Tanquerey, ancien vicaire d'Agon. — Il est inhumé au bas du chœur de l'église.

1749 Mort d'Hélye Duperron, curé au diocèse d'Angers, et de Pierre Binet, chapelain de Saint-Christophe de Coutainville.

1756 Charles-Barnabé Lenoble, prêtre.

1757 28 mars. Mort de Nicolas Lehuby, prêtre.

1771 Mort de Pierre Nicole, vicaire d'Agon, décédé à l'âge de 73 ans.

1771 Charles - François Nicole est nommé vicaire d'Agon en remplacement de Pierre Nicole.

1779 Gabriel-Joseph Lehuby, prêtre.

1788 Martin Gervaise, prêtre, est nommé vicaire d'Agon.

1789 Jean-Paul Dumanoir, prêtre.

1790 Germain Tanquerey, prêtre.

1791 Jean-François Tanquerey est nommé vicaire d'Agon.

1791 Pierre-François Leroy, prêtre.

Nous sommes maintenant en pleine époque révolutionnaire, et nous tâcherons de signaler les principaux événements qui la caractérisent touchant les prêtres, l'église et les paroissiens d'Agon depuis la constitution civile du clergé jusqu'au Concordat, et du Concordat jusqu'à l'époque actuelle.

CHAPITRE IV.

1° Charles-Pierre BICHUE. Lorsqu'éclata la Révolution de 1789, la cure d'Agon était occupée par M. Pierre-Charles Bichüe, âgé de quatre-vingts ans. Son grand âge et ses infirmités l'obligèrent à se décharger de ses fonctions curiales sur M. l'abbé Germain Tanquerey, prêtre d'Agon. L'état de ce vieillard atténua sans doute devant Dieu la faiblesse dont il fit preuve au moment de la persécution religieuse. Sommé de prêter le serment exigé par la constitution civile du clergé, M. Bichüe, retenu par ses infirmités, chargea M. Pierre-Martin Gervaise, son vicaire, d'être son interprète auprès

(1) Nous avons emprunté quelques détails au travail de M. Motin, vicaire d'Agon, sur l'époque révolutionnaire de 1789 à 1802.

de la municipalité d'Agon et se soumit aux décrets de l'Assemblée nationale le 6 février 1791.

Cet acte de faiblesse en amena un autre : Le 14 octobre de l'année suivante, M. Bichüe, complètement paralysé de tous ses membres, se fit porter à l'église pour y prêter le serment civique. Des paroissiens dignes de foi rapportent qu'en prononçant la formule du serment, il versa d'abondantes larmes. Etait-ce l'effet de sa paralysie ou l'expression d'un remords de conscience ? Nous préférons nous en tenir à cette dernière hypothèse. Quoi qu'il en soit, ce ne fut pas la fin de ses épreuves, car le 22 floréal an II de la République, on lui ordonna de livrer ses lettres de prêtrise et il eut le courage de refuser. Mais le 1er messidor on lui arracha cette félonie, et le 3 thermidor an III il rendait son âme à Dieu à l'âge de quatre-vingt-quatre ans. Les circonstances de sa mort nous sont inconnues. Nous ignorons s'il eut le temps et la grâce du repentir ; nous aimons mieux l'espérer.

Près de soixante ans passés dans l'exercice

du ministère sacerdotal lui ont sans doute mérité la grâce d'une sainte mort.

2º Germain TANQUEREY. Né à Agon, au mois de mars de l'année 1750, Germain Tanquerey était prêtre depuis douze ans environ lorsqu'éclata la Révolution, et, depuis deux ans, il était chargé du gouvernement de la paroisse d'Agon, à cause des infirmités de l'archiprêtre qui ne pouvait remplir aucune fonction de son ministère. C'était un prêtre d'un extérieur distingué, rempli de science et de talent. A l'occasion de la prestation du serment requis par la constitution civile du clergé, il prononça un discours que nous reproduisons plus loin, où il s'efforce de légitimer sa conduite. A la suite de cet acte de patriotisme, il fut nommé curé de Montsurvent. Lorsque les églises furent fermées, il ouvrit dans cette localité une école qui fut fréquentée surtout par les enfants des démocrates. Revenu à Agon dans les premières années du Concordat, il s'occupa avec un rare bonheur de l'instruction de la jeunesse. Les capitaines de l'époque durent leur diplôme aux savantes leçons de l'ancien curé de Montsurvent. Vers 1828 il se rendit dans cette dernière paroisse pour y faire une rétractation publique et solennelle ; et peu après l'autorité diocésaine, en récompense de ses services et aussi peut-être à cause de la régularité de sa conduite, le nomma vicaire d'Agon, poste qu'il occupa jusqu'à sa mort en 1839.

3° Pierre-Martin GERVAISE, né à Agon en 1733, était vicaire d'Agon en 1789. En ces jours mauvais il fit preuve d'une grande faiblesse et donna dans toutes les nouveautés de l'époque. En 1791, il fut nommé maire d'Agon presque à l'unanimité des suffrages, mais son titre de fonctionnaire public fit annuler son élection. Le 14 octobre 1792, il prête le serment civique et se laisse signaler le 22 floréal an II comme ayant refusé de livrer ses lettres de prêtrise ; mais le 1er messidor an III il se soumet publiquement aux lois de la République et termine cette suite de défaillances le 23 brumaire an IV, en déclarant que « l'universalité des citoyens français était le souverain et qu'il promettait obéissance et soumission aux lois de la République. »

C'est tout ce que nous avons pu recueillir sur la conduite de cet ecclésiastique. Lorsque les églises furent réouvertes au culte public, il continua d'exercer le ministère dans la paroisse d'Agon jusqu'au Concordat. Il mourut au mois de décembre 1806.

4° Gabriel-Joseph LEHUBY, né à Agon le 11 juin 1755, fut d'abord nommé vicaire de Grimouville, puis en 1789 il fut chargé de l'éducation publique. A l'exemple de M. Germain Tanquerey, il prononça un discours pour prouver qu'en prêtant le serment exigé par la constitution civile du clergé, il ne faisait que remplir son devoir. En récompense de son ardent civisme, il est nommé membre de la municipalité, et c'est en cette qualité qu'il prête le serment le 13 octobre 1792, dans une assemblée qui ne se sépare « *qu'après avoir manifesté son horreur et sa haine pour la Royauté* ».

Le 1er germinal an II, l'abbé Lehuby dépose ses lettres de prêtrise et renonce à son traitement de maître d'école, pendant la durée de la guerre, en faveur des soldats qui étaient sur les champs de bataille.

Le 3 messidor an III, il fait une nouvelle soumission aux lois de la République, soumission qu'il renouvelle le 23 brumaire de l'année suivante. — Ces manifestations patriotiques de la part du clergé exercent une influence désastreuse sur les habitants d'Agon. Il est vrai qu'en secret M. l'abbé Lehuby cherche à soustraire les objets sacrés à la profanation ; mais, en public, il donne les marques les plus éclatantes d'une approbation complète aux infamies et aux impiétés de l'époque ; il pousse même la lâcheté jusqu'à accompagner les agents municipaux dans leurs poursuites contre les prêtres fidèles. Quel scandale pour les paroissiens ! surtout quand ils le voient placé à leur tête par le schismatique Bécherel, ancien curé d'une petite paroisse au pays d'Avranches, évêque intrus de Coutances.

Cependant, pour la vérité de l'histoire, nous devons ajouter que depuis 1797, époque à laquelle il fut nommé curé d'Agon, jusqu'en 1804, l'abbé Lehuby s'occupa activement à calmer les esprits, et à restaurer le mobilier de l'église qui avait été dévastée pendant les jours de la Terreur. Ce fut dans ce dessein qu'il institua une confrérie, dite de Saint-Clément, et composée des jeunes gens de la commune qui avaient pour mission de parcourir les villages chaque semaine et de recueillir les aumônes des fidèles. En 1804, M. Lehuby est obligé de se démetre de ses fonctions curiales; il continue d'habiter la paroisse en qualité de simple prêtre. Sur l'invitation de Mgr Dupont de Poursat, évêque de Coutances, il fait une rétractation publique de ses erreurs et de sa conduite vers 1828, et il meurt le 14 janvier 1847, à l'âge de quatre-vingt-douze ans.

5° Jean-François TANQUEREY exerçait les fonctions de vicaire d'Agon conjointement avec M. Martin Gervaise. Le 6 février 1791 il prête serment comme fonctionnaire public. Le discours qu'il prononça à cette occasion est empreint du plus ardent civisme. Le 14 octobre 1792 il fait également le serment exigé par la constitution. Nous ne voyons nulle part qu'il ait eu la faiblesse de livrer ses lettres de prêtrise. Enfin, le 1er messidor an III, il fait une nouvelle soumission aux lois. A partir de cette

époque, l'abbé Jean-François Tanquerey dis-
paraît complètement, et nous ne trouvons
aucun renseignement sur sa mort, quoiqu'elle
soit arrivée à Agon pendant la Révolution.

6° Jean-Paul DUMANNOIR, prêtre d'Agon,
n'exerçait aucun ministère. Il participa à toutes
les faiblesses de ses confrères, fut nommé se-
crétaire de la municipalité et livra ses lettres
de prêtrise le 1ᵉʳ germinal an II. Mais bientôt
il reconnut son erreur, et fit une rétractation
publique et solennelle. Après la publication du
Concordat, nous le voyons aider M. Leroy,
curé d'Agon, dans l'exercice de ses fonctions
sacerdotales. Il paraît que M. Leroy avait
beaucoup d'estime pour lui. On attribue ses
errements surtout à la faiblesse de son caractère. Un mot de sa sœur, plein de naïveté,
nous permet de pénétrer le fond de son caractère : *Mon frère a juré, disait-elle, parce que la
faiblesse de ses jambes ne lui ont pas permis de
fuir.*

7° Pierre-Charles DAVID, bénédictin, après
avoir vécu plusieurs années au village de la
Flague, à Agon, prête le serment civique

en 1792. Plus tard il est signalé comme n'ayant pas remis ses lettres de prêtrise.

Poursuivi à cette occasion et forcé de prendre la fuite, il se dirige sur Coutances. Arrivé au sommet de la Daubrune, petit monticule situé à Tourville, d'où l'on découvre une grande partie de la paroise d'Agon, il jette un regard de pitié sur sa patrie coupable et, selon le conseil du Divin Maître, il secoue la poussière de sa chaussure. Ce fait, raconté par des personnes dignes de foi, indique bien son repentir. Dès lors il n'est pas étonnant de le retrouver, après la tourmente révolutionnaire, chanoine de la cathédrale de Coutances et confesseur de Mgr de Talaru.

8º et 9º Joseph TANQUEREY, curé de Trelly, et François-Henri NICOLE, curé de Ver, tous deux natifs d'Agon, passent dans cette commune les plus mauvais jours de la Révolution. Le premier est admis à faire partie de la commune, le 7 floréal an II « parce qu'il a prêté tous les serments exigés et donné les preuves du plus ardent patriotisme. » Le second reçoit les mêmes faveurs, le 15 prairial de la même année, et cela, parce que, dit l'arrêté municipal, le cy-devant curé de Ver s'est toujours montré un zélé patriote, a perdu ses lettres de prêtrise et renoncé aux fonctions de son état.

Mais comme la conduite de ces deux prêtres n'offre rien de plus remarquable, nous terminerons cette liste déjà trop longue en attirant l'attention de nos lecteurs sur deux vénérables ecclésiastiques qui ont eu le bonheur de traverser ces tristes jours sans trahir leur conscience et compromettre leur dignité.

Le premier s'appelle M. l'abbé LETURC. Ce digne prêtre, ayant courageusement refusé de prêter aucun serment, fut obligé de prendre la fuite et vint chercher dans sa paroisse natale un abri contre les fureurs de la persécution. Là il se montra toujours ce qu'il devait être : un prêtre fidèle à Dieu et à la sainte Eglise. Aussi bien fut-il cruellement pourchassé et traqué comme une bête fauve ; plusieurs fois il ne dut son salut qu'à la bienveillance des agents municipaux qui, après avoir accompli leur triste besogne, venaient secrètement passer la soirée avec lui. Le second, M. Pierre-François LEROY, naquit à Agon, village de la Jeannerie, vers l'an 1760. Ordonné prêtre l'année même ou éclate la Révolution, il n'exerce aucune fonction avant la fermeture des églises. Il prête, il est vrai, le premier serment civique, comme le firent d'ailleurs par ignorance beaucoup d'excellents prêtres, mais sa jeunesse, son inexpérience, et surtout l'exemple de son curé et de tout le clergé d'Agon atténuent beaucoup sa culpabilité. D'ailleurs il reconnaît bientôt son erreur et s'empresse de faire une rétractation publique et solennelle. Au plus fort de la persécution, il adresse à la municipalité d'Agon la lettre suivante qui doit être conservée respectueusement comme un témoignage éclatant de sa grandeur d'âme et de sa fidélité à la sainte Eglise catholique.

Aux Maire et Officiers de la commune d'Agon.

Citoyens,

Pressé par le remords de ma conscience, agitée depuis la prestation du serment de liberté et d'égalité, et par ma participation criminelle et passive à un culte qui n'est pas celui de mes pères, je vous prie de recevoir et d'inscrire sur vos registres ma rétractation de ce serment et de tous ceux qui pourraient avoir blessé ma conscience; trop heureux de pouvoir, quelqu'événement qui puisse m'arriver, me procurer cette paix intérieure et consolante sous l'auspice de laquelle je veux vivre en bon catholique et en citoyen paisible,

Salut et fraternité,

P.-F. LEROY,

Prêtre, non fonctionnaire public.

Agon, le 4 Avril 1795.

Tant de courage et de foi ne devaient pas rester inactifs. Aussi, à partir de ce jour, M. l'abbé Leroy se consacre tout entier au soin des âmes; il ne recule devant aucun danger pour leur procurer les moyens de salut, il baptise les enfants, bénit les mariages, entend les confessions, console les mourants. Son zèle ne s'étend pas seulement à la paroisse d'Agon mais encore à toutes les paroisses voisines; rien ne l'arrête, il est courageux et intrépide jusqu'à la témérité. Un jour il pousse la hardiesse jusqu'à se permettre d'assister aux délibérations de la municipalité d'Agon ; et en maintes circonstances il ne doit son salut qu'à la protection de ses amis. Trop heureux s'il avait pu cueillir la palme des martyrs à la suite de plusieurs prêtres des environs, notamment M. Lemoigne, à Créances, et M. Toulorge, à Muneville-le-Bingard, qui tous les deux furent mis à mort en haine de la religion.

Lorsque le schismatique Bécherel eut placé l'abbé Lehuby à la tête de la paroisse d'Agon, M. Leroy redoubla de zèle et d'activité et parvint à soustraire au schisme une partie considérable du troupeau. L'année même du Concordat, pendant que le curé intrus faisait la première communion, dans l'église d'Agon, M. Leroy présidait la même cérémonie dans la chapelle Saint-Christophe de Coutainville, avec une pompe extraordinaire. Enfin, en 1804, M. Leroy est nommé curé d'Agon, en remplacement de l'abbé Lehuby, poste qu'il occupa avec distinction jusqu'à sa mort arrivée le 13 octobre 1823.

Il est une observation importante que nous aurions déjà pu faire et qui est de nature à atténuer la culpabilité des prêtres assermentés pendant l'époque révolutionnaire (nous parlons ici des prêtres d'Agon) c'est que tous se laissèrent dominer par la crainte plutôt que par le besoin de secouer le joug sacerdotal ; jamais il ne s'éleva de doute sur leur moralité. Tous, sans même en excepter l'abbé Lehuby, ont conservé leur réputation intacte à l'endroit des mœurs. C'est là un fait considérable digne de fixer l'attention de nos lecteurs.

CHAPITRE V.

La prestation du serment, requis par la constitution civile du clergé, occupe une place importante dans l'histoire de la Révolution Française.

Les déclarations pour la prestation de serment, par les ecclésiastiques fonctionnaires publics, sont portées sur le registre d'enregistrement des décrets, pages 9 et 10.

Le Dimanche 6e jour de février 1791, en l'église de la paroisse d'Agon, le conseil général de la Commune, présidé par M. Lehuby, maire, et formé des membres soussignés, s'est assemblé à l'effet d'être présent à la prestation de serment de MM. les Curé, Vicaire et autres fonctionnaires publics, en conséquence de la déclaration par eux passée à cet égard, le

4 du présent mois. A l'issue de la Messe parois-
siale, M. Pierre-Martin Gervaise, vicaire de
cette paroisse, est monté en chaire, et a donné
lecture de la déclaration de M. Charles–Pierre
Bichüe, curé de cette paroisse, signée de lui et
conçue en ces termes :

« Je, soussigné, Charles-Pierre Bichüe, archiprêtre, curé d'Agon, et non écrit vu mon infirmité actuelle, déclare à la municipalité d'Agon,
par le ministère de M. Pierre-Martin Gervaise,
mon vicaire, que je le prie de prêter serment
pour moi et en mon nom, suivant le désir de
l'Assemblée nationale concernant la constitution
civile du clergé, me promettant bien de me
présenter en personne devant la municipalité
d'Agon pour y prêter et corroborer le serment
concernant la susdite constitution civile du
clergé, aussitôt que mon infirmité me le per-
mettra.

A Agon, ce 4ᵉ jour de Février 1791.

Ch.-P. BICHUE,
Archiprêtre, curé d'Agon.

Fidèle à sa promesse, M. Bichüe, le
14 octobre 1792, se fait porter à l'église et ne

pouvant monter en chaire, il prononce, de la place qu'il occupe, le serment suivant : *Je jure d'être fidèle à la nation et de maintenir de tout mon pouvoir la liberté et l'égalité ou de mourir à mon poste.*

Après avoir prêté serment au nom de son curé, le sieur Pierre-Martin Gervaise prête serment en son nom personnel.

Puis M. Germain Tanquerey, remplissant les fonctions curiales depuis deux ans, à la satisfaction générale de la paroisse, est monté en chaire et a dit :

« Appelé, Messieurs, depuis plusieurs
» années aux fonctions importantes du minis-
» tère sacré, j'ai toujours tremblé, je vous
» l'avoue, à l'aspect des devoirs que j'avais à
» remplir. Il est cependant vrai, souffrez que
» je vous le dise, chers concitoyens, que je
» n'eus jamais d'autre motif dans toutes mes
» démarches que celui de former, de tout mon
» pouvoir, des hommes à la piété et de répan-
» dre dans leurs cœurs les germes précieux
» de la vertu.

» Et c'est encore pour vous donner une preuve

4

» solennelle de mon attachement à mes devoirs
» que je me présente aujourd'hui au milieu de
» vous pour y prêter le serment que me pres-
» crit une Constitution d'autant plus estimable
» qu'elle est fondée sur la religion même. Car
» vous le savez comme moi, nos augustes
» représentants ont toujours fait marcher leurs
» décrets avec l'Evangile. Ce sont autant
» d'athlètes invincibles, qui, semblables à ceux
» qui défendaient autrefois la religion avec
» tant de gloire et de succès, se sont réunis
» sous les auspices du Dieu de paix et du
» monarque le plus chrétien, pour faire recou-
» vrer à la Religion son premier éclat en en
» dissipant des abus, qui lui étaient d'autant
» plus funestes qu'ils étaient plus anciens.
» D'après cela, chers concitoyens, oserait-on
» dire, oserait-on penser que notre constitu-
» tion fut nuisible à la religion ? Quoi de plus
» d'accord au contraire avec elle ? Elle ne fait
» que nous rappeler aux places que le souverain
» modérateur nous a marquées; elle prêche
» aux mêmes ministres évangéliques le dénue-
» ment que Jésus-Christ prêchait à ses Apôtres.

» Pourrait-elle encore une fois être contraire
» à la Religion, cette constitution qui prêche si
» hautement la charité évangélique en rappro-
» chant les unes des autres les extrémités de
» ce vaste empire, par une communion con-
» tinuelle de secours et de services, et en ins-
» pirant à ses concitoyens une nouvelle acti-
» vité pour veiller aux intérêts de la société ?
» Non, non, chers concitoyens, loin de lui être
» contraire, la constitution française est
» l'appui de la Religion, et si j'ose aujourd'hui
» consacrer mes faibles réflexions à la défense
» de cette constitution contre laquelle on ne
» cesse de répandre des systèmes qui tendent
» à l'ébranler jusque dans ses fondements, ce
» n'est que parce que je la crois fondée sur une
» Religion dans laquelle je veux vivre et
» mourir, comme étant la seule capable de
» présenter à l'Être-Suprême le culte le plus
» épuré et le plus digne de lui. En consé-
» quence, je jure de remplir mes fonctions
» avec exactitude, d'être fidèle à la nation, à
» la loi et au roi, et de maintenir de tout
» mon pouvoir la constitution décrétée par

» l'Assemblée nationale, et acceptée par le
» roi. »

S'est présenté ensuite M. Gabriel-Joseph
Lehuby, prêtre chargé de l'éducation publique,
qui, monté dans la chaire, a dit:

« Très chers concitoyens et frères, nous te-
» nons tout de Dieu, notre être, nos familles,
» tout ce que nous possédons, tout ce que
» nous espérons. Nous sommes donc tous ses
» enfants. Je dois donc tous vous regarder et
» vous aimer comme mes frères. La loi natio-
» nale est le résultat de notre volonté com-
» mune; elle est l'expression de la mienne,
» puisque comme vous j'ai concouru à la for-
» mer; elle respecte ma religion en en pros-
» crivant les abus; et assure la perpétuité de
» son enseignement; je dois donc m'y sou-
» mettre. Dieu s'est servi du Roy des Fran-
» çais comme d'un autre Moyse pour nous dé-
» livrer de la servitude. Ce bon monarque
» veille sans cesse à la sécurité de nos pro-
» priétés et de nos personnes. Il suit ma loi,
» il professe ma foi, je lui dois respect et fidélité.
» Dieu me demandera un compte rigoureux

» des fidèles dont l'éducation m'est confiée ;
» aussi je dois veiller sur eux. Voilà, chers
» concitoyens et frères, une énumération courte
» et motivée de mes devoirs. Je dois les rem-
» plir exactement et fidèlement ; telle est mon
» intention. La loi m'ordonne de la manifester
» aujourd'hui solennellement devant vous.
» Mon obéissance à cette loi n'est pas un crime,
» mais un devoir. Je jure donc de veiller avec
» soin sur les fidèles qui me sont confiés,
» d'être fidèle à la nation, à la loi et au roy,
» et de maintenir de tout mon pouvoir la
» Constitution décrétée par l'Assemblée natio-
» nale et acceptée par le roy.

Ensuite tous les ecclésiastiques fonctionnaires
publics ayant prêté le serment, on a chanté le
Te Deum d'action de grâces, au son des cloches, et cela sur la demande du conseil général
et de tous les citoyens. Après les vêpres, le
conseil général et tous les ecclésiastiques se
sont rendus à la maison commune où ils ont
rédigé et signé le présent procès-verbal, ce dit
jour et an que dessus.

En étudiant attentivement ces différents discours, il est facile de se convaincre que ces pauvres prêtres marchaient à l'aventure et agissaient contre leur conscience. De là ces phrases creuses et sonores pour prouver qu'en obéissant à la loi leur conduite était irréprochable, et ne pouvait être nuisible à la religion. Ah! qu'ils eussent été bien mieux inspirés d'écouter et de suivre les enseignements de l'Eglise catholique, leur mère, établie par Dieu pour éclairer les âmes et les tenir éloignés de l'erreur et du mensonge! *Columna et firmamentum veritatis.* Celui qui écoute la voix de la sainte Eglise ne marchera jamais dans les ténèbres.

CHAPITRE VI.

PHYSIONOMIE DE LA PAROISSE D'AGON PENDANT LA RÉVOLUTION

Avant la Révolution, la paroisse d'Agon était généralement bonne et presque tous les habitants remplissaient leurs devoirs religieux; les marins en particulier n'auraient jamais consenti à prendre la mer sans s'être approchés des sacrements de Pénitence et d'Eucharistie. La marine était alors très florissante à Agon et comptait plus de soixante capitaines en activité de service. Toutefois, pour être exact, il faut bien ajouter que les idées nouvelles hantaient déjà certains esprits qui embrassèrent avec ardeur le parti de la Révolution.

Mais ce qui contribua le plus à entraîner les habitants d'Agon dans les idées révolutionnaires, ce fut la conduite regrettable du clergé qui eut la faiblesse de prêter tous les serments exigés.

Nous savons aussi que la présence simultanée des prêtres schismatiques et des prêtres orthodoxes porta un dernier coup à la foi d'un grand nombre. Naturellement raisonneurs, les Agonais tirèrent cette conclusion : Qu'en fait de religion chacun est libre de se former une opinion, puisque les prêtres eux-mêmes n'étaient pas d'accord sur les principes. Le mal fut immense et de nos jours encore nous en subissons les funestes conséquences. Toutefois qu'on me permette une simple réflexion. Si depuis dix-neuf siècles la religion de Jésus-Christ a été quelquefois trahie par des ministres prévaricateurs ; si malgré les scandales elle reste toujours pleine de vie et d'action, n'est-ce pas, pour un esprit impartial, la preuve la plus manifeste de sa divinité ? Toute œuvre humaine soumise à de telles épreuves serait depuis longtemps anéantie. L'histoire est là pour prouver ce que j'avance.

En effet, la destinée ordinaire des institutions humaines est de croître, de fleurir, pendant quelques années, ou quelques siècles, puis de tomber en décadence. Elles commencent difficilement, subsistent peu de temps, pour disparaître sans retour.

Ainsi l'Empire Romain n'est plus qu'une leçon d'histoire, les Empires d'Orient et d'Occident n'existent plus ; le Jansénisme est détruit, le Protestantisme penche vers sa ruine, le Schisme Grec est avili sous le joug de l'autocrate Russie et de la Turquie dégénérée, le Mahométisme est épuisé, seule la Religion Catholique reste debout au milieu de tant de ruines.

Ce n'est pas pourtant que les épreuves lui aient été ménagées, mais elle a pour elle des promesses éternelles ; elle a la parole de son divin fondateur qui lui a dit : Ne craignez rien, je suis avec vous jusqu'à la consommation des siècles. C'est là tout le secret de sa force et de sa vitalité.

La cérémonie solennelle de la prestation du serment civique avait produit une impression funeste sur l'esprit de la population ; car dès le 21 octobre suivant, jour où la constitution fut proclamée, il y eut de grandes manifestations. Sur le Martinet on alluma un feu de joie qui fut surmonté d'un drapeau tricolore. C'est ainsi que le mal se fit peu à peu et que les idées révolutionnaires pénétrèrent dans la masse du peuple.

Il est vrai que l'arrestation du roi Louis XVI, à Varennes, donna lieu à une manifestation générale qui prouve bien que la majorité des Agonais avait conservé les bons principes. On regarda avec raison cet événement comme le présage de terribles malheurs pour la France. Malgré cela les esprits étaient fortement travaillés et cette population si impressionnable ne résista pas au courant qui entraînait la société dans de profonds abîmes. En effet, le 13 octobre 1792, lorsque la municipalité prête le serment civique, l'Assemblée ne se sépare qu'après avoir manifesté son horreur pour la Royauté, au bonheur de laquelle elle s'intéressait si vivement quelques mois auparavant.

Au mois de janvier 1793, les hommes valides sont dirigés sur Granville pour prêter leur concours à la défense de cette ville. Là encore les esprits durent s'échauffer par le contact avec les soldats de la République. Néanmoins les Agonais ne prirent jamais l'initiative, surtout quand il s'agit des horreurs sacrilèges qui marquèrent en tous lieux les jours de la Terreur. Lorsque les églises furent pillées, celle d'Agon ne le fut que d'après des ordres émanés du chef du département. Lorsque le 27 nivôse an II, le terrible Lecarpentier eut fixé l'heure de la décade, pour dix heures du matin, jamais la municipalité n'insista sur l'exécution de cette loi. Les fêtes patriotiques, qui consistaient en causeries sur les événements du jour, en danses et banquets, furent bien suivies. Mais la grossièreté et le libertinage en étaient bannies, et c'est peut-être la raison pour laquelle on s'y rendait en si grand nombre.

Cependant le règne de la Terreur s'accentue de plus en plus et les populations s'aperçoivent déjà que la liberté tant vantée n'est qu'une dure servitude. Le zèle des patriotes se refroidit visiblement de jour en jour. Occupés nuit et jour à laver les terres pour en extraire le salpêtre, obligés à veiller sans cesse à la garde

des côtes, taxés à chaque instant par d'énormes
contributions, ils essaient de se soustraire à ces
impositions et reçoivent plusieurs fois des re-
montrances à ce sujet. C'est ainsi que le commandant du Martinet fut un jour vertement
admonesté par un officier de ronde. Faisant sa
visite au corps de garde, cet officier y trouve
présents les vingt-sept hommes exigés par les
règlements, mais pour armes ils n'ont que six
mauvais fusils dont quatre sont incapables de
nuire à personne.

Toutes ces circonstances amènent un revi-
rement en faveur des prêtres non assermentés
ou réfractaires. Les plus zélés patriotes exigent
que les visites domiciliaires se fassent exactement, mais la majeure partie de la population veut leur conserver la vie et les protège
courageusement. Du reste, les sacrements de
Baptême, de Mariage, de Pénitence et d'Eucharistie, administrés par MM. Leturc et Leroy au
plus fort de la persécution, parlent plus éloquem-
ment que tous les commentaires.

Un jour, la municipalité est informée que
M. l'abbé Leturc est dans sa famille. Colas

Laurent est envoyé avec cinq hommes pour cerner la maison. Arrivé au seuil de la porte, Colas témoigne à la sœur de M. Leturc le regret qu'il éprouve d'être chargé d'une pareille mission. Pour moi, répond-elle, je m'en réjouis, car si c'était un autre que vous, mon frère serait perdu.

En effet, Colas Laurent visite tous les appartements, aperçoit M. l'abbé Leturc en prières et se retire sans bruit, en disant que l'alerte est fausse, qu'on a voulu se moquer d'eux, que M. Leturc est parti.

Un autre jour, M. l'abbé Leroy est dans la maison paternelle. Une escouade de gardes nationaux, à la tête desquels est M. Basmesnil-Quesnel, de Blainville, cerne la maison.

Pendant qu'on se prépare à faire la visite, M. Leroy sort, déguisé sous des habits de femme. M. Basmesnil fait semblant de ne pas le reconnaître et lui sauve la vie.

Dans une autre circonstance, M. Leroy était caché dans l'armoire de madame Desmarais-Legruel. Les agents de la municipalité furent partout sans rien découvrir. L'un d'eux, plus méchant que les autres, veut ouvrir cette armoire devant laquelle madame Legruel se tenait assise. Mais cette femme courageuse s'y oppose énergiquement; elle le menace même de ses coups s'il approche, et ce gredin n'ose insister, M. Leroy était encore sauvé.

En maintes circonstances, le jeune Paul Tanquerey, fils d'un des membres de la municipalité, et qui plus tard devint libraire-imprimeur de Monseigneur l'Evêque de Coutances, s'est chargé d'aller avertir les prêtres fidèles. On cite aussi le nom d'une dame Lerond qui a exposé plusieurs fois sa vie pour protéger M. Leroy et ses confrères.

En ces mêmes jours de la Terreur on vit une jeune enfant, âgée de huit ans, Marie Mecquet, refuser courageusement d'obéir à la loi impie qui ordonnait de fléchir le genou devant l'arbre de la liberté. Tous en général gémissaient de cet état malheureux, mais la crainte ou la faiblesse les réduisait au silence, c'était bien réellement le règne de la Terreur.

CHAPITRE VII

ÉGLISE D'AGON PENDANT LA RÉVOLUTION.

Le premier acte de spoliation commis dans l'église d'Agon, pendant la Révolution, fut l'enlèvement d'une de ses cloches, qui fut transportée à Coutances le 8 octobre 1793. La veille, deux patriotes exaltés étaient montés dans la chaire de l'église pour inspirer au peuple, par des lectures multipliées, et pour le bien général de la République, l'amour de la liberté, de l'égalité, des mœurs et le respect aux lois et donner lecture des décrets, arrêtés du conseil exécutif du corps administratif, etc., etc. Le 21 du même mois, la municipalité règle l'heure des offices, mais pour peu de temps, puisque deux mois après les églises étaient fermées. Désormais la cloche ne se fera plus entendre que pour annoncer le tocsin à l'approche de l'ennemi.

Dès le 2 nivôse an II, le cynique Lecarpentier fait fixer l'heure de la décade, et sur l'injonction de l'agent national, la municipalité ordonne, en date du même jour, la radiation et extinction de tous les signes et monuments de Royauté, féodalité, superstition et fanatisme.

Deux mois après les événements dont nous venons de parler a lieu la vente des objets destinés au culte divin, ceux de la chapelle de Coutainville ne sont vendus qu'au mois de messidor de la même année. Le 14 germinal, la municipalité reçoit ordre de détruire les fonts baptismaux, d'en porter à Coutances l'intérieur qui est en plomb, ainsi que tout l'argent et cuivre se trouvant dans ladite église. La plupart des acquéreurs des meubles de l'église ne les achètent que dans l'intention louable de les rendre plus tard à leur première destination. C'est ainsi que M. Gourbin conserve le maître-autel pour le remettre à l'église; la famille Vieillerobe, un des confessionnaux; Michel Ozouf, le dais; un nommé Gervaise plusieurs chapes et chasubles; une veuve Etienne, plusieurs ornements sacerdotaux. En témoignage de reconnaissance, la fabrique leur assura la jouissance d'un banc pendant leur vie.

Il y eut cependant bien des profanations à déplorer. L'Enfant Jésus eut la tête abattue, la statue de la Vierge le nez mutilé. Le citoyen Etienne, mari de la femme Etienne dont nous venons de vanter la piété, s'empara d'une pierre sacrée pour en faire un cadran; mais il fut détourné de ce projet sacrilège par M. Lehuby, curé intrus.

Les municipaux choisirent alors l'église pour y tenir leurs séances. C'est ainsi que le conseil général de la commune s'y réunit le 20 messidor an II pour nommer un percepteur. Les derniers meubles de l'église furent enlevés et vendus. Cependant, malgré toutes ces horreurs, nous sommes heureux de constater que le Temple Saint ne fut jamais le théâtre de ces scènes burlesques et immorales dont furent souillées tant d'autres églises. On n'y dressa point d'autel à la déesse Raison et les idoles de la chair vivante n'y furent jamais adorées.

CHAPITRE VIII.

L'ÉGLISE D'AGON EST RENDUE AU CULTE.

Après avoir été fermée pendant trois ans et demi, c'est-à-dire depuis le mois de mars 1794 jusqu'au mois de décembre 1797, l'église d'Agon est rendue au culte public, à la grande joie des habitants.

Ce fut pour tous un jour de fête que l'on célébra avec une pompe extraordinaire. Mais à cette occasion leur foi fut soumise à une rude épreuve. Au mois de décembre 1797, l'évêque schismatique Bécherel confia l'administration de la paroisse à M. Lehuby, et lui donna pour vicaire M. Gervaise.

Ceux-ci avaient naturellement le pas sur les prêtres non assermentés, le choix de l'heure des offices, l'administration générale de la paroisse, tandis que MM. Leroy et Dumannoir étaient au second rang : De là des divisions parmi les fidèles. Comme au temps de saint Paul, les uns voulaient être pour Céphas, les autres pour Apollon. Ces querelles s'envenimèrent à tel point que l'autorité municipale fit fermer l'église un certain jour à cause des discordes qui s'étaient élevées entre les deux partis.

Enfin la paix est rendue à l'Eglise, le Concordat est signé, et le 1er mars 1804 M. Leroy est nommé curé d'Agon par Mgr l'Evêque de Coutances.

Ce digne prêtre se met à l'œuvre et travaille de tout son pouvoir à rétablir le calme dans les esprits, à ressusciter la foi dans les âmes, à vaincre l'indifférence qui avait déjà poussé de trop profondes racines dans la masse du peuple. Il eut successivement pour vicaires MM. Dumannoir, Quentin et Auvray. Le 11 novembre 1823, M. Leroy rendit son âme à Dieu, et eut pour successeur son vicaire, M. Auvray, qui administra la paroisse d'Agon jusqu'au mois de janvier 1842, époque à laquelle il fut

remplacé par M. Ginard, professeur de mathématiques distingué au Petit Séminaire de Coutances (1).

(1) Notice biographique sur M. l'abbé Ginard, par
M. Gilbert, vicaire général.

CHAPITRE IX.

Michel-Pélage Ginard, né à Rémilly le 22 mai 1800, fit ses études classiques au collège de St-Lo, où il obtint les plus grands succès. Entré au Grand Séminaire de Coutances en octobre 1826, il se fit bientôt remarquer par sa piété solide, par la justesse de son esprit, par sa mémoire sûre et facile, par son caractère doux et égal, patient et ferme tout à la fois. M. Ginard sut, avec un très petit nombre de ses condisciples, résister à l'influence exercée alors d'une manière déplorable sur le jeune clergé, par les écrits de l'abbé de Lamennais, esprit inquiet et turbulent, qui voulait imposer ses vains systèmes aux Evêques et au Pape lui-même.

Le talent de M. Ginard, parvenu déjà à la

maturité, son zèle pour tous ses devoirs, son amour pour le travail, le firent choisir quelques mois avant la fin de ses études pour une chaire d'humanités au Petit Séminaire de Coutances. Professeur consciencieux, dévoué à ses élèves, n'épargnant rien pour hâter leur progrès, il conquit facilement leur estime et leur confiance par sa bonté proverbiale. Pendant les quatorze années qu'il passa au Petit Séminaire, il eut toujours pour ses collègues une amitié à toute épreuve.

En 1832, il fut nommé professeur de sciences mathématiques et physiques et chargé en même temps des fonctions d'économe. La fermeté de son jugement, la clarté et la précision de son langage lui valurent des succès remarquables dans la carrière scientifique. Il rendit aussi de grands services dans l'administration du temporel de l'établissement.

En 1835, un cours supérieur de sciences fut établi au Petit Séminaire. La part principale dans cette entreprise appartient à M. Ginard, qui s'acquitta avec succès d'une mission si délicate et pleine de difficultés,

En 1837, Mgr Robiou voulant donner à
M. Becquet, curé de Picauville, un successeur
digne de lui, proposa cette cure importante à
M. Ginard ; mais il préféra à ce poste honorable celui qu'il occupait au Petit Séminaire et
qu'il conserva encore cinq ans.

Le 31 janvier 1842, il accepta la cure d'Agon
dans des circonstances bien difficiles, qui récla-
maient un mérite exceptionnel. Au milieu
d'une population intelligente et qui compte un
grand nombre d'officiers de marine, de capitaines au long-cours, la réputation scientifique
de M. Ginard, ses vertus éminemment sacerdotales, son zèle doux et éclairé faisaient pré-
sager ce qu'il a heureusement accompli pendant vingt-sept années. Dans le ministère pa-
roissial comme au Petit Séminaire, il est ponc-
tuellement fidèle aux exercices de piété du
séminariste, il s'applique à cultiver et à deve-
lopper l'instruction religieuse, et à donner aux
saints offices plus de solennité ; il donne à sa
paroisse plusieurs exercices de retraites et de
missions, il encourage toutes les bonnes œu-
vres catholiques et diocésaines. Une vie à

l'abri de tout reproche, une charité qui n'est
rebutée par aucun obstacle, sont bien propres à
assurer le succès de ses projets ; aussi bien a-t-
il la consolation de voir l'esprit chrétien et l'ha-
bitude des pratiques religieuses s'accroître et
s'affermir dans sa paroisse. Entre autres monuments érigés par ses soins, citons : la belle
maison presbytérale, construite peu après sa
prise de possession, la sacristie, la chapelle de
la sainte Vierge et la clôture du cimetière,
exigée par le respect dû aux morts et en même
temps à la maison de Dieu.

M. l'abbé Ginard s'est occupé avec un soin
tout spécial d'encourager l'enseignement des
écoles primaires dans sa paroisse et dans le
canton où il a exercé avec beaucoup de zèle et
de fruit les fonctions de délégué cantonal.
Sans doute les affaires temporelles ne sont pas
le domaine propre assigné au prêtre par le
souverain Maître ; mais une intervention cha-
ritable lui sera-t-elle interdite quand un appel
filial est fait à sa tendresse paternelle et à son
talent, au nom des intérêts de sa commune et
pour défendre le patrimoine des pauvres ? Aussi

les habitants d'Agon ne réclameront pas en
vain le secours efficace des recherches histo-
riques et scientifiques de leur pasteur dans une
affaire litigieuse avec la commune de Blainville,
concernant la délimitation de la pêche du varech. L'animosité que mettent des communes
rivales en de semblables discussions cause au
bon curé quelques soucis et même quelques
chagrins, mais il trouve une consolation solide
dans la pureté de ses intentions, et dans la
reconnaissance de sa paroisse.

Mgr Bravard, voulant à cette époque donner
à M. Ginard un témoignage de sa haute estime,
lui offre successivement deux cures de canton
avec l'intention de le nommer chanoine hono-
raire.

L'humble curé est sensible à cette proposi-
tion honorable, mais il remercie le vénéré Pré-
lat et demande comme une faveur l'autorisa-
tion de consacrer à sa chère paroisse le reste de
sa vie.

Sa santé très délicate avait toujours exigé de
grands ménagements; en 1866, elle devient
chancelante et elle décline rapidement pendant

l'été de 1868. Une oppression pénible et dou-
loureuse lui rend très difficile la visite de l'église qu'il fréquente encore pour la célébration
de la messe et l'exercice du saint ministère
jusqu'au 18 octobre. Entouré par son digne vicaire des soins les plus affectueux, il conserve
jusqu'au dernier moment la lucidité entière de
son intelligence et le calme de son âme pleine-
ment résignée à la volonté de Dieu ; malgré des
souffrances extrêmes, il récite le bréviaire entier jusqu'à la veille de sa mort. Deux jours
auparavant, Monseigneur était venu lui porter
des paroles de consolation et de sympathie.
Enfin le 30 octobre, à six heures du matin, il
s'est endormi dans le Seigneur après avoir reçu
dans les sentiments de la foi la plus vive les
sacrements de l'Église et avoir réglé toutes ses
affaires avec l'esprit d'ordre qui ne le quitta jamais. Ses obsèques ont été célébrées le samedi
31 octobre 1868 avec une grande solennité et
avec les témoignages unanimes de vénération
et de regrets qui s'attachent à sa mémoire.
M. l'abbé Gilbert, vicaire général de Monseigneur l'Evêque de Coutances, a rappelé, à son

auditoire ému, les vertus de cet homme de Dieu, son ancien et bien cher collaborateur. Plusieurs membres du chapitre, avec tout le clergé du canton de Saint-Malo-de-la-Lande, ont assisté à la cérémonie funèbre, à laquelle la paroisse entière était présente ; les autorités locales, l'inspecteur primaire, la brigade de gendarmerie et les employés de la douane ont tenu à y prendre part. M. le sénateur Leverrier a exprimé par deux lettres son vif regret de n'avoir pu être présent aux funérailles de son excellent ami dont la mort lui a été trop tardivement connue.

M. le maire d'Agon et le conseil municipal ont ouvert une souscription pour élever un monument funéraire à leur regretté pasteur. Tous sans exception, riches et pauvres, se sont empressés d'apporter leur offrande, et les sommes recueillies ont atteint un chiffre considérable, bien plus que suffisant pour réaliser le but proposé. L'excédent de la souscription a été distribué aux pauvres par les soins du bureau de bienfaisance.

Si donc, cher lecteur, vous me demandez

pourquoi dans cette courte notice j'ai donné une place si considérable à la mémoire de M. l'abbé Ginard? Je vous répondrai que c'était un devoir pour son second successeur dans la cure d'Agon de rappeler les vertus et l'influence de ce saint prêtre, dont la mémoire sera toujours en bénédiction parmi nous.

D'ailleurs je suis certain d'avoir, par ces quelques pages consacrées à sa mémoire, répondu aux désirs et aux sentiments de tous les habitants de cette paroisse, si justement fiers d'avoir été pendant vingt-sept ans, sous la conduite d'un tel pasteur.

M. Ginard eut pour successeur M. l'abbé Guidon, ancien missionnaire diocésain, ancien curé de la Baleine. M. Guidon prit possession de la cure d'Agon le 15 novembre 1868. Pendant les huit années qu'il a passées dans cette paroisse, il a fait le bien par ses exemples, par son zèle éclairé et discret, et surtout par sa grande charité envers les pauvres. Jouissant d'une fortune relativement considérable, il a passé en faisant le bien et laissé dans la paroisse d'Agon un précieux souvenir.

Au mois juillet 1877, M. Guidon fut nommé
curé-doyen de Saint-Sauveur-Lendelin et remplacé par M. l'abbé Emile Regnault, qui depuis dix-huit ans exerçait le ministère des
Missions, d'abord à Périers, puis à Notre-
Dame-sur-Vire, poste qu'il a quitté pour ve-
nir à Agon.

DEUXIÈME PARTIE

HISTOIRE CIVILE D'AGON

L'histoire civile d'Agon renferme deux époques distinctes, Agon ancien, Agon moderne.

AGON ANCIEN.

— ᴄᴏ —

CHAPITRE PREMIER.

AGON DEPUIS LES TEMPS LES PLUS RECULÉS JUSQU'AU XVIᵉ SIÈCLE.

C'est une croyance populaire qu'à une époque reculée, c'est-à-dire vers le cinquième ou le sixième siècle de notre histoire, on allait à pied sec d'Agon à Jersey, qui en est séparé par une distance de sept lieues marines. L'examen approfondi de la côte et du littoral d'Agon témoigne en faveur de cette antique tradition. En effet, dans les grandes marées, aux équinoxes du printemps et de l'automne, lorsque la mer se retire au-delà de ses limites ordinaires, et laisse à découvert une plus grande partie de son lit, les pêcheurs rencontrent des troncs d'arbres enfoncés dans le sable. Si cette tradition est vraie, de violentes tempêtes ont dû submerger cet isthme et le faire disparaître.

C'est ausssi à ces temps reculés qu'on fait remonter l'origine de la Mare d'Agon, dite Mare de Lessay. La mer en se retirant a formé ce petit lac; le nom qu'il porte, Mare de Lessay, semble appuyer cette opinion. D'après la version la plus accréditée, la mer baignait autrefois le pied du château d'Agon et tournait le monticule sur lequel est bâti le sémaphore actuel. En s'éloignant, elle a formé le lac ou Mare de Lessay. Singulière coïncidence, on trouve aussi à Créances une mare appelée Mare de Lessay, en tout semblable à celle d'Agon et par ses eaux saumâtres et par sa configuration. Cette similitude de nom et d'aspect n'indique-t-elle pas que ces deux mares ont été formées à la même époque et dans les mêmes conditions ?

C'est encore une tradition appuyée sur des témoignages irrécusables qu'anciennement Agon était sinon une ville, du moins une bour-

6

gade très importante. Dans la partie ouest, qui avoisine la mer, on trouve des restes de constructions fort étendus, et en creusant le sol, à une petite profondeur, on rencontre presque partout des quantités considérables de briques romaines.

D'ailleurs dans la charte par laquelle le roi Philippe V assure à l'Evêque de Coutances la possession des biens de son église, Agon est désigné sous le nom de *Villa, quæ dicitur Agon*. De même dans la donation faite par Robert de Sablé aux religieuses de l'abbaye de Perrey-Neuf, Agon est appelé villa, sans doute une grande villa des Romains, *in villa dicta Agon*.

Si l'on en croit quelques auteurs, lorsque Rollon, chef des Normands, partagea à ses principaux officiers les terres conquises, il se réserva Agon, et plusieurs autres points importants sur le littoral de la mer, pour servir de refuge aux navires qui parcouraient la Manche. Ce qui paraît confirmer cette opinion, c'est que Richard III, duc de Normandie, un des successeurs de Rollon, épousant, au mois de janvier 1027, la princesse Adèle, fille de Robert, roi de France, lui donna dans le Cotentin plusieurs manoirs au nombre desquels figure Agon (1).

Au XIIe siècle, la seigneurie d'Agon appartenait à Juhel de Mayenne, troisième du nom, lequel donna le domaine d'Agon à sa sœur Clémence de Mayenne, lorsqu'elle épousa Robert de Sablé. Celui-ci, lors de son mariage et du' consentement de sa femme, concéda aux religieuses de l'abbaye du Perrey-Neuf, en Anjou, dix livres de rente à prendre sur la terre d'Agon (2).

Du mariage de Robert de Sablé avec Clémence de Mayenne naquit une fille nommée Marguerite. Elle fonda l'abbaye de Bonlieu, au diocèse du Mans, de filles de l'ordre de Cîteaux. Elle épousa Guillaume des Roches,

(1) *Concedo denique curtem supra mare quæ dicitur Agon.*

(2) *Etiam supra dictus Robertus de Sabolir prædictæ abbatiæ pro anima Clementiæ uxoris suæ dedit decem libras andegavenses annuatim in detrimento redditus in villa dicta Agon quæ sita est in Constantino prope Constanciam.* (Toustain de Billy).

illustre par son courage et ses hauts faits, et seigneur d'Agon. Jean sans Terre, roi d'Angleterre , comte de Mortain et duc de Normandie, voulant récompenser Guillaume de la cession qu'il lui avait faite de la charge de sénéchal d'Anjou, lui accorda, en 1199, le droit d'avoir, dans sa seigneurie d'Agon, un marché tous le jeudis de chaque semaine, et une foire de huit jours à la Pentecôte. Les lettres patentes de cette concession se trouvent dans la Tour de Londres. Cette foire devint célèbre dans toute la Normandie et autres contrées. Des marchands de tous les pays s'y rendaient par terre et par mer, car, comme nous le montrerons plus loin, Agon avait alors un port de mer assez important.

Guillaume des Roches et sa femme donnèrent la dîme de cette foire aux religieuses de Bois-Renouf. Transférée d'abord à Montmartin-sur-Mer, à deux lieues de la ville de Coutances, la foire d'Agon le fut ensuite à Guibray près Falaise (Calvados), lieu moins exposé aux insultes des Anglais et plus avantageux pour le commerce de la province.

Guillaume des Roches ne suivit pas la cause du roi Jean, car d'après les rôles normands de l'an 1200 sa terre d'Agon fut donnée à Hubert du Bourg, chambellan du roi (1). On sait, en effet, que le roi Jean concéda à ses partisans des terres à prendre sur les domaines des seigneurs qui avaient abandonné son parti et fait leur soumission au roi de France. Mais Philippe-Auguste devenu maître de la Normandie rendit aux seigneurs qui lui étaient restés fidèles les terres qu'on leur avait enlevées. C'est ainsi que Thomas Chesnel fut obligé de rendre vingt livres de rente qui lui avaient été concédées et que le comte d'Alençon avait fait prendre sur le domaine d'Agon (2).

De son mariage avec Marguerite de Sablé, Guillaume des Roches eut deux filles, Jeanne et Clémence. La première épousa Amaury de Craon, et la seconde Geoffroy de Châteaudun.

D'Amaury de Craon et de Jeanne des Ro-

(1) *Hubertus de Burgo habet terram de Agon quæ fuit Willelmi de rupibus in Normannia.*
(2) Toustain de Billy, Hist. mss. p. 74.

ches sortirent, entre autres enfants, deux filles
Jeanne et Isabelle ; Jeanne épousa Amaury,
comte de Montfort, et Isabelle, Raoul de Fougères.

Le traité de mariage rapporté en partie par
Ménage, dans son *Histoire de Sablé*, contient
entre autres choses : que Isabelle et son mari,
Raoul de Fougères, recevront en dot, lors de
leur mariage, deux mille livres d'argent et
trois cent cinquante livres de rente dont
une partie est à prendre sur la terre et les vignobles d'Agon en Normandie (1).

D'après cette donation, Agon avait au
xiiiᵉ siècle des coteaux plantés en vigne. D'après
la tradition populaire, les coteaux du Martinet,
dont l'exposition est très favorable à la culture
de la vigne, produisaient beaucoup de raisin.

Dans son *Histoire des classes agricoles au
Moyen âge,* M. Léopold Delisle, notre savant

---

(1) *Dictæ Dominæ dabunt in maritagio duo millia
librarum turonensium monetæ in denariis, et trecenta
quinquagenta libras annui redditus, in subsumptis
locis, videlicet Agon in Normanniá et quidquid vi-
tes ibidem habent.*

compatriote, donne le fameux texte relatif aux vignobles que possédait Agon aux XIIe et XIIIe siècles.

De Raoul de Fougères et d'Isabelle des Roches sortit Lucine Fougères, mariée à Hugues de Lésignan, douzième du nom.

Au XIVe siècle, une famille illustre et puissante entra en possession du fief d'Agon ; c'est la famille Paesnel ou Paynel. Ce fief fut donné par Raoul de Fougères à Olivier Paesnel, lequel le donna à Guillaume Paesnel. Nous lisons, en effet, dans un registre public, dressé en l'an 1327 par le grand bailli du Cotentin : « Guillaume Paynel tient de M. Olivier Paesnel, chevalier par parage, le fieu d'Agon et toutes ses appartenances ou quelles soient, lequel M. Olivier le tient par hommage du seigneur Raoul de Fougères, par un fieu de haubert (1),

___

(1) Le fief de haubert était le plus noble des fiefs après ceux de dignité. Il avait le premier rang après les baronnies. Son détenteur, qui devait être chevalier, était tenu, en cas de guerre, de s'armer du haubert, qui n'était autre chose qu'une cotte de mailles, et de suivre le roi à la guerre.

et vaut ledit fieu, chacun an de revenus, au dit Guillaume, cent quarante livres ou viron. »

Ce Guillaume Paesnel figure sur la liste des seigneurs normands qui accompagnèrent Robert Courte-Heuse, duc de Normandie, lorsqu'il partit avec grand foison de chevaliers, barons et aultres gens de Normandie, pour aller à la délivrance et à la conquête du tombeau de Jésus-Christ (1).

En l'année 1341, Guillaume Paynel, seigneur d'Agon, comparaît à la revue que fit Robert Bertrand, sire de Fauguernon, et tous les hommes d'armes du pays.

Dans les premières années du XVe siècle, la seigneurie d'Agon appartenait à Bernard du Buret. En 1437, Gautier de Silly épousa Collette, petite-fille de Bernard du Buret, fille de Jean du Buret, seigneur d'Agon et de Querquebus, et veuve de Jean Meurdrac.

(1) Dumoulin, *Histoire de Normandie.*

CHAPITRE II.

HISTOIRE D'AGON DU XVIᵉ SIÈCLE A L'ÉPOQUE ACTUELLE.

D'après l'état des fiefs du bailliage de Coutances, dressé au XVIIᵉ siècle, il y avait à Agon trois fiefs nobles, le fief d'Agon alors en litige entre Guérin d'Agon et les héritiers de Boisdavy, le fief de Coutainville, et le fief de la Flague, ou Flasque (1).

Le fief d'Agon appartenait à Jehan du Buret, qui le vendit vers le milieu du XVIᵉ siècle à Charles-Jacques Guérin, sieur d'Agon, Campservent et Querqueville, qui prenait alors la qualité de *noble homme*. Il fut en procès pour la Mare d'Agon, connue dans le pays sous le nom de Mare de Lessay, avec son voisin, noble

(1) Voir M. Renault, *Revue historique de l'arrondissement de Coutances.*

homme, Jehan de Costentin, sieur de Tourville et de Coutainville, conseiller du roi,
vicomte et capitaine de Coutances.

« Guérin d'Agon prétendait que depuis plus
de quarante ans lui et ses prédécesseurs, sieurs
d'Agon, avaient joui du total d'icelle mare tant
en la pêche du poisson que gibier, sans aucun
contredit, au vu et seu du dit sieur vicomte et
des sieurs de Coutainville. Le dit sieur vicomte
pour lui et damoiselle Charlotte Goueslard,
son épouse, à laquelle appartient la dite sieurie
de Coutainville, élevait les mêmes préten-
tions. »

Le bailli de Saint-Sauveur se rendit sur les
lieux, entendit les témoins, et ensuite les parties transigèrent devant Corbet et Jehan,
tabellions à Coutances, en présence de Noël
de Montchaton et de Pierre Lerond, de Coutances.

Il fut convenu que les dits sieurs et d'Agon
auraient le droit de pêcher du poisson et de
tirer du gibier, non pour en vendre, *ains seulement* pour leur estorment, et pour en donner
à de leurs amis s'ils voient que bien soit. —

Ils se concédèrent aussi le droit réciproque de mettre des cygnes tant sur la tenure l'un que de l'autre.

Charles-Jacques Guérin eut pour fils Gilles Guérin, écuyer, sieur de la Conterie et d'Agon, conseiller du roi, lieutenant général criminel au bailliage et siège de Coutances, et maître des requêtes de la reine-mère. Il fut chargé au nom des membres du présidial de haranguer l'évêque Claude Auvry lorsqu'il arriva à Coutances, sa ville épiscopale.

Les lettres d'anoblissement, en forme de charte, furent données à Gilles Guérin, au mois de février 1653, en récompense des services que lui et Jacques Guérin, son père, sieur de la Conterie et d'Agon, avaient rendus aux rois Henri IV et Louis XIII, notamment au siège de la Rochelle en 1627, où Jacques Guérin fut fait prisonnier et contribua à la soumission des Rochelais.

La famille Guérin d'Agon est très ancienne ; car elle compte au nombre de ses ancêtres Thomas Guérin, l'un des cent dix-neuf braves qui, sous la conduite de Louis d'Estouteville,

défendirent le Mont-Saint-Michel contre l'as-
saut des Anglais, en l'an 1427, dans les circonstances que nous allons rapporter :

Après la mort de Jean d'Harcourt, qui fut
tué à la bataille de Verneuil, Jean, comte de
Mortain, fut nommé gouverneur du Mont-
Saint-Michel. Le monastère était dans une telle
détresse qu'il lui fallut engager son argenterie.
Cependant les Anglais attaquaient le Mont si
furieusement qu'ils semblaient capables de
l'ébranler.

En 1425, le roi nomma, à la place de Jean,
Louis d'Estouteville, illustre chevalier qui avait
sacrifié, pour rester Français, la plus grande
fortune de la Basse-Normandie.

Une des premières mesures de Louis d'Estouteville fut d'empêcher les femmes et les enfants de se réfugier dans l'abbaye pendant les
assauts, débarrassant ainsi une place affamée
des bouches inutiles.

Cependant les Anglais redoublaient d'efforts;
la garnison de Tombelaine avait été renforcée.
Ceux du Mont se décidant à hasarder une
sortie, furent assez heureux pour écraser les

ennemis dans les grèves, le jour Tous-
saint 1425.

VUE GÉNÉRALE DES REMPARTS, DE LA VILLE ET DE L'ABBAYE
DU MONT-SAINT-MICHEL

Ce succès anima tellement les moines qu'ils
engagèrent en Bretagne les croix, mitres et ca-

lices, etc. Une partie de l'argent servit à fortifier la ville. On ajouta « des tours entre les
autres, des demi-lunes avec parapet et mâchi-
coulis ou massacres; l'on fit aussi la porte de
la ville ainsy qu'elle est à présent avec son
pont-levis et le logis du dessus et une grande
grille ou herse. »

En 1426, les religieux obtinrent du roi de
battre monnaie pour l'espace de trois ans.

L'année suivante, la veille de saint Aubert,
les Anglais vinrent au nombre de plus de
vingt mille, sous la conduite de lord Scale « tous
bien armés, avec des machines et des engins
de guerre épouvantables : ayant observé le
flux et le reflux de la mer; ils dressèrent une
batterie si furieuse contre les murailles qu'ils y
firent une brèche, mais ils furent reçus si vertement par ceux du Mont, conduits par Louis
d'Estouteville, qu'il demeura presque deux
mille Anglais de tués dans les murailles et sur les
grèves. Le peu qui s'échappa se réfugia en leur
bastille d'Ardevon. Cette victoire peut-être com-
parée à celle de Josué, d'autant qu'il ne s'en
trouva aucun du Mont ni de tué ni de blessé,

ce qui fut attribué à la protection de saint Michel et aux mérites de saint Aubert. Il reste encore des trophées de cette victoire : ce sont les deux énormes canons appelés Michelettes qui furent pris sur les Anglais. Charles VII envoya Dauvin complimenter les cent dix-neuf héros qui avaient défendu le Mont sous la conduite de Louis d'Estouteville.

Or, ainsi que nous l'avons déjà dit, Thomas Guérin était au nombre de ces braves. Aussi bien les armes de la famille Guérin d'Agon sont-elles gravées sur les murs de la chapelle, dite du Trésor, de l'insigne Basilique. Ce Thomas Guérin était originaire de Torigny et fils de Messire Pierre Guérin, seigneur du Quesne, qu'on désignait ordinairement sous le nom de Quesne-Guérin. Il comptait au nombre de ses grands-oncles le fameux Robert Guérin, dit Robert de Torigny ou Robert de Jumiers, l'un des plus illustres abbés du Mont-Saint-Michel, décédé le 24 juin 1186.

Thomas Guérin, dit de Bois-Guérin, laissa deux fils qui vivaient encore en 1464. Le premier s'appela Jehan de Bois-Guérin, et le se-

cond Guillaume du Quesne-Guérin qui demeu-
rait à Saint-Ouen de Baudre.

Le fils de Jehan fut Giret-Guérin, sieur du
fief de la Herlière en Lengronne, au droit de
sa mère. Il épousa une des filles du sieur
d'Agon dont il eut trois enfants, parmi lesquels
nous trouvons Charles-Jacques Guérin, écuyer,
seigneur d'Agon, père de Gilles Guérin dont
nous avons déjà parlé.

Bien longtemps donc avant l'année 1653, la
terre ou fief d'Agon était possédée par la famille Guérin ; ce qui dénote que probablement
elle pouvait fournir des preuves d'une noblesse
ancienne à l'époque où elle obtint des lettres
d'anoblissement, que nous croyons plutôt
être des lettres de confirmation.

Du reste les membres de cette famille se
montrèrent bien dignes de la faveur royale ;
car des sept fils de Gilles Guérin, six furent
tués sur les champs de bataille. Le seul survi-
vant, Michel Guérin, lieutenant au régiment
des dragons de la Reine, fut blessé, à la bataille de Steinkerque, d'une balle qui le frappa
entre les deux yeux et qui lui resta dans la tête

jusqu'à l'époque de sa mort, arrivée en 1733, dans son château d'Agon.

Michel Guérin avait épousé Anne Lepainteur ; il eut pour fils Louis-Charles Guérin, né le 20 octobre 1709, mort le 12 avril 1778 et inhumé dans l'église Saint-Nicolas-de-Coutances. Il eut pour fille Léonore-Joachine, morte le 29 juin 1721, à Agon, et inhumée dans l'église de la paroisse.

Louis-Charles Guérin d'Agon, major d'infanterie, épousa Marie-Anne-Catherine Hersent, noble fille de André Hersent, conseiller au bailliage et siège présidial de Coutances, et d'Anne-Catherine de la Mare.

De ce mariage naquit, le 24 janvier 1743, Louis-Auguste Guérin d'Agon, chevalier, seigneur et patron d'Agon, mousquetaire du roi et capitaine des canonniers gardes-côtes. Il épousa Louise-Alexandrine Mélanie de Rieux, nièce du cardinal du Belloy, archevêque de Paris, et mourut à Coutances le 14 mai 1804.

A l'occasion de la mort de son mari, le cardinal du Belloy écrivit lui-même à sa nièce la lettre suivante :

10 prairial an XII.
31 mai 1804.

Ma chère nièce, c'est avec une vive peine que j'apprends le décès de votre respectable époux. Soyez persuadée de l'intérêt que je prends à ce qui vous regarde, et des vœux que je forme pour que le Seigneur vous procure les bénédictions et les consolations dont vous avez besoin après ce triste événement.

Je suis avec amitié votre oncle,

Cardinal DU BELLOY,
Archevêque de Paris.

Auguste-Emmanuel Guérin d'Agon, fils de Louis-Auguste et de Louise de Rieux, est né le 24 février 1780. Pendant la Révolution il n'émigra pas avec ses parents, il resta aux armées vendéennes et fut porté comme émigré. Il n'avait que dix-sept ans quand il fut poursuivi devant le juge de paix de la ville de Coutances, comme coupable d'avoir appelé citoyen, par dérision du titre patriotique, le chien d'un de ses amis.

Quelqu'absurde que fût cette poursuite, il fallut bien que celui qui en était l'objet y répondit; et pour la faire tomber donnât des explications qui démentissent l'intention contre-révolutionnaire qu'on lui prêtait. Il y réussit du reste sans peine et fut de suite relaxé, le 8 ventôse an VI.

Jusqu'en 1814, M. Auguste-Emmanuel appartint à l'administration des eaux et forêts. A cette époque, il entra dans la gendarmerie royale en qualité de lieutenant ; en 1830 il fut nommé chef d'escadron et à la Révolution de Juillet il prit sa retraite.

Chevalier de Saint-Louis et de la Légion-d'honneur, il épousa, en 1832, mademoiselle Marie-Adélaïde de Morel de Courcy, et termina sa noble vie par une mort chrétienne au mois de mars de l'année 1867.

Il a laissé quatre enfants, deux fils et deux filles. Les deux fils ont suivi la carrière des armes. L'aîné, Gustave-Emmanuel, capitaine d'infanterie, a versé son sang pour la patrie et est mort en héros chrétien sur le champ de bataille de Gravelotte en 1870.

Le second, Arthur-Henri, actuellement colonel du 2e chasseurs, est un des plus jeunes et des plus brillants officiers supérieurs de l'armée française.

Les deux filles, Mathilde et Gabrielle, se sont consacrées à Dieu dans la vie religieuse.

A l'époque de la Révolution, la famille d'Agon possédait, outre le château d'Agon, des terrains étendus, qui furent vendus, comme biens d'émigrés, à l'exception du château et de vingt hectares de terre environ, que l'on réserva à madame veuve d'Agon pour le rempli de ses droits, comme femme d'émigré. Le 4 novembre 1822, ces biens ont été vendus à plusieurs personnes, et aujourd'hui la famille d'Agon ne possède à Agon que la moitié de la Mare de Lessay.

Voici les armes de la famille Guérin d'Agon :

D'azur à trois molettes, d'éperon d'or, posées deux et une, au chef d'or, chargé d'un lion hissant de gueules.

La devise du vieux chevalier du Mont-Saint-Michel, était :

In trino omnia et uno.

CHAPITRE III.

CHATEAUX.

Deux châteaux anciens s'élèvent aux deux extrémités de la paroisse d'Agon.

Le premier, désigné sous le nom de château d'Agon, a appartenu à la famille Guérin d'Agon jusqu'en 1822. Il est situé dans cette partie de la commune qu'on appelle la Rue d'Agon. Le château actuel date du siècle dernier. Il se compose de deux corps de bâtiments séparés, mais jadis réunis par un vaste escalier surmonté d'un dôme ou belvedère, d'où la vue s'étendait au loin. Le dôme et l'escalier n'existent plus; cependant des fenêtres du château on a devant soi un très vaste horizon.

Le château actuel a été construit sur l'emplacement d'un autre fort ancien, car dans l'abrégé des *Annales de Normandie* il est dit : que Charles le Simple, en 912, donna à Rollon

CHATEAU D'AGON

le château d'Agon, lorsqu'il épousa sa fille Gi-
sèle. L'emplacement était admirablement choisi,
le terrain, qui s'abaisse rapidement, domine la
vallée et la rivière de Sienne. Il n'est séparé du
château de Regnéville que par un bras de mer,
et, d'après la tradition populaire, ces deux
châteaux étaient en communication directe par
un souterrain qui existe encore aujourd'hui,
du moins en partie. Au moment de l'invasion
normande et surtout pendant la guerre de Cent
Ans, ce château a dû être le théâtre de luttes
acharnées, à cause de sa position stratégique.
D'ailleurs, les murs crénelés, les meurtrières et
les bastions dont il est entouré et qui sont
parfaitement conservés, nous disent assez que
c'était un château-fort et une place de guerre
importante.

Le second château est celui de Coutainville.
Il n'a rien de bien remarquable, sinon sa position d'où il domine le havre de Coutainville
et la vue de Jersey. C'est un de ces manoirs
comme on en bâtissait au xvıᵉ siècle. A l'entrée
de la cour on remarque deux portes cintrées,
une grande et une petite. Plusieurs portes des

bâtiments d'exploitation sont aussi cintrées. Le colombier existe encore ainsi que la chapelle dont nous avons parlé précédemment. Un aveu du 20 août 1607 nous fait savoir en quoi consistait le fief de Coutainville, appartenant à Jean de Costentin, et quelle en était l'étendue. Voici cet acte : « Aveu rendu au roy par Jehan de Costentin, escuyer, conseiller du roy, vicomte de Coustances, ayant épousé damoiselle Charlotte Goueslard, fille de feu noble homme Hélie Goueslard, d'un fief de terre et seigneurie, nommé le Fief de Coutainville, dont le chef est assis en la paroisse d'Agon et s'étend ès paroisses de Blainville, Saint-Malo-de-la-Lande, Boisroger, Saint-Nicolas-de-Coutances et autres lieux, lequel fief est tenu par un tiers de fief de haubert se consistant en domaine fieffé et non fieffé, savoir: le non fieffé en deux cents vergées de terre tant labourable que prairie, où il y a manoir, colombier, droit de mare ou étang à poisson, un moulin à vent et une chapelle. Le tout tenu sous la mouvance du domaine de Saint-Sauveur-Lendelin.

CHATEAU DE COUTAINVILLE.

CHAPITRE IV.

LES COSTENTIN DE COUTAINVILLE
ET DE TOURVILLE.

Jean de Costentin était le descendant d'une antique et noble famille dont nous allons rétablir la généalogie.

Guillaume de Costentin, chevalier, seigneur de Tourville, Gratot, Nicorps, Heugueville et autres lieux, vivait sous le règne de saint Louis, roi de France. Il donna plusieurs terres à l'abbaye de la Luzerne et mourut le 2 mars 1296, laissant un fils, Thomas de Costentin. Philippe, fils de Thomas, épousa Jeanne de Pienne, de laquelle il eut plusieurs enfants.

Nicolas I, fils de Philippe, prit en mariage Marie de Surtainville, fille de Jean, chevalier, sieur de Surtainville.

Jean, fils de Nicolas I, se signala par son courage et sa fidélité au roi Charles VII, dans les guerres contre les Bourguignons, Navarrais et Bretons.

Nicolas II, fils de Jean, eut deux fils : Jean qui mourut sans enfants et eut l'honneur de recevoir le roi François Ier lorsqu'il fit son entrée à Coutances, et Nicolas III, qui eut pour fils François de Costentin.

Ce dernier épousa Anne de la Haye-Hue, dont il eut deux enfants, Jean et Guillaume, tiges des deux branches de Tourville et de Coutainville.

Iº *Branche de Coutainville.*

Jean de Costentin, seigneur de Coutainville, succéda au seigneur de Gratot dans le gouvernement de Coutances durant la ligue. Il conserva la ville dans l'obéissance au roi, contre la faction d'un fameux ligueur, nommé des Vignes. Il épousa, en 1583, Charlotte Goueslard, dame de Coutainville, dont il eut deux fils, Robert et Nicolas. Robert marié avec Marguerite de Roncherolles n'en eut qu'une fille. Nicolas, seigneur de Coutainville, gouverneur de Coutances, conseiller d'état eut pour fils :

Jacques de Costentin, aussi gouverneur de

Coutances, qui mourut à l'âge de trente-cinq ans, ne laissant qu'un fils, Nicolas Gisles, marquis de Costentin.

Après une année de mariage, il meurt à vingt-cinq ans et laisse un enfant :

Nicolas-Charles-César de Costentin, seigneur de Coutainville, colonel du régiment Dauphin, acheté cinquante mille écus, unique héritier de cette branche et de ses biens immenses.

II° *Branche de Tourville.*

Guillaume de Costentin, frère de Jean, fut nommé, en 1597, commandant d'une compagnie de gentilshommes. Il épousa Renée de Romilly et eut pour fils :

César de Costentin, comte de Tourville. En 1632, il fut nommé capitaine des gardes du grand Condé, qu'il suivit dans tous ses combats. Louis XIII, roi de France, le fit conseiller d'état d'épée, et lui donna, en 1640, l'ordre de veiller à l'état de la province de Normandie avec pouvoir d'assembler la noblesse. — En 1642, il est envoyé en Bourgogne avec les comtes de Tavanne et de *Montreuil*, comme lieutenants généraux.

Il épousa Lucie de la Rochefoucault, dont il eut sept enfants, trois fils et quatre filles.

Ses trois fils furent 1° César, comte de Tourville, colonel de cavalerie, commandant la compagnie des gens d'armes du prince de Condé, maréchal de camp des armées du roi, placé à la tête des gentilshommes de l'élection de Valognes en qualité de colonel. Il épousa l'unique héritière de la maison de Vauville, dont il eut trois fils. L'aîné périt dans un naufrage, à l'âge de seize ans; le second fut tué, et le troisième, nommé François, comte de Vauville a été le dernier descendant de cette famille. 2° Joseph, le second des fils du comte de Tourville, meurt sans enfants après avoir servi en Espagne. 3° Enfin le troisième est notre grand amiral Anne-Hilarion, comte de Tourville, maréchal de France et général des armées navales. Il est mort à Saint-Malo, en 1701, ne laissant qu'un fils, Louis-Alexandre de Costentin. Nommé colonel, il fut tué à la bataille de Denain à la tête de son régiment. Il n'a pas laissé d'enfants, et avec lui s'est éteinte cette illustre famille des Costentin de Tourville.

CHAPITRE V.

AGON PORT DE MER.

Sur un compte de 1635, qui se trouve dans les archives de l'Hôtel-Dieu de Coutances, un article a pour objet une somme de trente-sept livres employée à payer quatre mille ardoises débarquées au port de Coutainville, ainsi que le salaire et la nourriture des ouvriers. En l'année 1635, il y avait donc un port à Coutainville. Vers l'an 1650, ce port fut encombré par les sables. Sur les cartes de Cassini, dressées de 1740 à 1760, l'entrée du havre de Coutainville y est tracée. D'après la tradition populaire, Richard Cœur de Lion vint débarquer au port de Coutainville pour traverser la France, en se rendant à la croisade. On dit aussi que Jacques II, roi d'Angleterre, y débarqua lorsqu'il fut obligé d'abandonner son royaume sous le

règne de Louis XIV. Un tableau commémora-
tif de cette descente se trouvait il y a peu d'années dans une maison de Coutainville, mais
nous n'avons pas pu en constater l'existence
actuelle.

En l'an 1649, ce ne fut point au port de
Regnéville, mais bien à celui de Coutainville
que s'embarquèrent Charles II et son frère, le
duc d'York, pour aller faire une tentative in-
fructueuse de restauration en Angleterre.
Claude Auvry avait fait peindre un tableau re-
présentant cet événement. Sur ce tableau on
voyait un port de mer et un quai de débarque-
ment.

En 1698, dans le mémoire de Foucault, sur
l'état de la généralité de Caen, on lit qu'avant
la guerre les Anglais descendaient ordinairement dans le havre de Coutainville pour apporter leurs laines. A cette époque, le havre
était interdit par les fermiers des traites, par
un motif d'épargne, et pour diminuer le nombre de leurs commis. « Ce petit havre était
cependant le plus commode et le plus aisé, où
les petits bateaux étaient mieux à couvert qu'en

aucun autre de la côte, de sorte que les bordiers de la mer n'ayant plus la liberté de continuer leur petit commerce, l'ont entièrement négligé » (1).

On a découvert, il y a peu d'années, au pied du mamelon de Coutainville, nommé le Martinet, des crampons destinés à amarrer les navires. Tous ces témoignages réunis prouvent bien, ce semble, que la tradition est vraie, et qu'il y eut jadis à Coutainville un port de commerce très fréquenté, à cause de sa position en face des îles anglaises.

(1) Etat de l'élection de Coutances en 1678.

CHAPITRE VI.

FORT D'AGON.

A côté du port de mer nous trouvons un fort de guerre, nommé le fort du Bec d'Agon, construit pour la défense de la côte. Les lettres suivantes que nous avons pu nous procurer ne laissent aucun doute à ce sujet.

I.

Lettre de TANQUERAY DE LA MOMBRIÈRE, *subdélégué à Coutances, à* ESMANGART.

Coutances, ce 10 septembre 1776.

Monsieur,

Un fort situé sur un terrain qui s'avance dans la mer, vulgairement appelé le Bec d'Agon, a été miné par les marées. Une partie vient de crouler, les ingénieurs en ont

8

donné un état. Pendant la guerre ce fort était garni de canons.

Je suis, etc.

Signé : MOMBRIÈRE.

II.

Lettre de ESMANGART, *intendant, à M. le comte* DE SAINT-GERMAIN, *ministre.*

Caen, ce 17 septembre 1776.

Je viens d'être averti qu'un fort, bâti pendant la dernière guerre, pour la défense de la côte, situé à quelque distance de la ville de Coutances, et qui avance dans la mer, vient d'éprouver des dégradations considérables par l'effet des marées qui ont miné successivement la barre. Ce fort est vulgairement appelé le Bec d'Agon. Une partie des ouvrages qui le composent s'est écroulée ces jours derniers. Je m'empresse, M. le ministre, de vous en informer afin que vous puissiez en constater l'état et donner les ordres que vous jugerez nécessaires pour la réparation qu'il exige, si le bien du service demande qu'il soit conservé.

Je suis, etc....

Signé : ESMANGART.

III.

Lettre du prince DE MONTBAREY *à* M. ESMAN-GART, *intendant de la généralité de Caen.*

A Versailles, le 24 septembre 1776.

J'ai vu, Monsieur, la lettre par laquelle vous annoncez que le fort d'Agon, situé sur la côte de Granville, vient d'éprouver des dégradations considérables par l'effet des marées; M. de Caux, directeur des fortifications, en ayant rendu le même compte, je lui écris pour l'autoriser à faire transporter les matériaux de démolition en lieu de sûreté, pour être remis en œuvre lorsqu'il sera question de rétablir ce fort.

Signé : Prince DE MONTBAREY.

Le 19 octobre 1776 deux ouvriers sont écrasés en procédant à la démolition de ce fort.

Le 22 janvier 1779, un vaisseau marchand poursuivi par un corsaire est obligé de se jeter à la côte sous Agon, et ce corsaire canonne le détachement d'Agon. Le poste d'Agon ne put lui répondre, vu qu'il était dépourvu de gargousses et de cartouches.

Le 5 février 1779, le marquis d'Héricy écrivait au duc d'Harcourt :

Deux soldats du régiment de Bourgogne ont déserté ces jours-ci du poste d'Agon et ont passé à Jersey dans un bateau qu'ils ont pris à Granville, et où ils ont trouvé des rames. Je propose de défendre de laisser les rames dans les bateaux.

Il est évident, d'après ces diverses lettres, que non seulement il y avait un fort à Agon, mais encore un détachement de soldats pour la garde du fort et la défense de la côte.

AGON MODERNE.

Agon-Coutainville, situé à dix kilomètres de la ville de Coutances, est une paroisse de mille six cents âmes, composée en majeure partie de familles bourgeoises, riches, intelligentes, avec lesquelles les relations de société sont des plus agréables. D'ailleurs, c'est une remarque que nous avons souvent entendue de la bouche des étrangers ; la population d'Agon se distingue par la pureté de son langage et son exquise politesse. Elle est partagée en trois villages principaux, la Rue, l'Eglise et Coutainville. Agon est entouré par la mer au sud, à l'ouest et au nord-ouest ; sur la côte, le flot où la marée atteint une hauteur exceptionnelle. Son unité est de six mètres trente-cinq. On ne cite qu'un seul endroit dans l'univers où le flot s'élève à cette hauteur ; en sorte que la différence de niveau entre les hautes et les basses eaux, dans une marée de cent dix-sept degrés peut aller jusqu'à quinze mètres ou quarante-cinq pieds.

Depuis quelques années les étrangers, ainsi que les habitants du pays, ont bâti au rivage de la mer un grand nombre de maisons et de cabanes pour recevoir les baigneurs pendant la belle saison (1). C'est une véritable colonie séparée des autres habitations. Trois hôtels splendides, sans compter le Grand-Hôtel de Coutainville, construits au bord de la mer peuvent recevoir chaque jour un grand nombre de voyayeurs, et leur offrir le confortable des plus grandes villes.

Aux bains de Coutainville on ne trouve, il est vrai, ni théâtre, ni casino, ni maisons de jeux, à la grande satisfaction des familles paisibles, qui viennent y chercher un air pur et vivifiant ; mais, en retour, on y jouit d'une grande liberté, les exigences de la société mon-

(1) On compte aujourd'hui plus de deux cents maisons ou cabanes bâties sur le littoral.

daine y sont inconnues ; c'est la vie de famille
dans toute sa simplicité, avec ses charmes in-
comparables.

A mon sens, je ne connais rien de plus ra-
vissant que les après-dîner à la plage de Coutainville. C'est une fourmilière de bébés,
d'enfants, de fillettes, de jeunes gens qui prennent sur la grève leurs joyeux ébats et se livrent avec une ardeur infatigable, jusqu'au
coucher du soleil, à leurs innocentes récréa-
tions, à leurs jeux improvisés, à leurs intéres-
sants travaux. Vous diriez volontiers une compagnie de génie creusant des tranchées, ou cons-
truisant des digues pour arrêter les flots de la
mer. Quel zèle ! Quelle ardeur dans le travail,
mais aussi quels précieux avantages pour la
santé de tous ces enfants !

La plage de Coutainville peut à juste titre
être comptée au nombre des plus belles de
France. D'une étendue de cinq à six kilomètres, recouverte de sable fin, avec une pente
douce et bien proportionnée, elle ne laisse rien
à désirer aux baigneurs. Le climat est doux, la
vue splendide, les communications faciles. A

toute heure de la journée, vingt-cinq voitures publiques transportent les voyageurs de Coutainville au chemin de fer de Coutances, et *vice versa.* Les prix sont modérés ; les approvisionnements faciles ; aussi cette plage est-elle fréquentée, pendant les mois de juillet, août et septembre, par des milliers de baigneurs qui affluent de tous les pays, mais surtout de la capitale.

INDUSTRIE ET COMMERCE.

La principale industrie du pays consiste surtout dans la récolte des herbes marines, varech, lichen et verdière. La coupe de ces algues a lieu chaque année à des époques fixées par l'autorité municipale, aux grandes marées et dans les bas-fonds qui restent toujours, malgré le reflux, couverts par les eaux. Cette récolte présente un coup d'œil curieux ; hommes, femmes, enfants, chevaux, voitures, sont réunis sur la plage en attendant le moment du travail. C'est la récolte d'un champ de blé en pleine mer, où arrive une troupe de moissonneurs, rivalisant de zèle et d'activité ; car c'est la propriété du premier occupant. Le varech est une grande ressource pour l'agriculture, qui trouve dans cette herbe marine un abondant engrais. Le lichen et la verdière sont expédiés de tous côtés, mais une grande partie sur Paris ; le lichen pour la pharmacie, la verdière pour sommiers, emballages, etc. La récolte de ces herbes produit chaque année plusieurs centaines de mille francs, pour les habitants du littoral.

Une autre branche d'industrie, c'est la pêche ; la pêche du poisson et des huîtres sur la côte ; la pêche de la morue à Saint-Pierre-et-Miquelon et au banc de Terre-Neuve. Chaque année, une cinquantaine d'hommes et de jeunes gens quittent leurs familles pendant six ou sept mois pour se livrer à la pêche de la morue. Agon compte aussi un grand nombre de maîtres au cabotage et de capitaines au long-cours. Les maîtres au cabotage commandent ordinairement les navires armés pour la pêche à la morue, tandis que les capitaines au long-cours commandent des transatlantiques. De tout temps la marine a été florissante à Agon, et

dignement représentée par des officiers distin-
gués, amiraux, capitaines de vaisseau, capitaines de frégate, commissaires de marine, etc.,
les Jehenne, les Mecquet, les Lehuby, les
Potigny, sont des noms connus dans les annales de la marine française.

Agon n'a rien à envier aux plus grandes lo-
calités, touchant la facilité des relations sociales.
Bureau de poste, télégraphe, sémaphore, Juge
de paix, Percepteur, Gendarmes, Douanes,
Syndic des gens de mer, Garde maritime,
Médecins, Pharmacien. Aussi bien les étrangers
viennent-ils s'y fixer avec bonheur; et tandis
que dans les campagnes voisines le nombre des
habitants tend à décroître d'année en année,
la population d'Agon s'augmente sensiblement.
A cause de sa position exceptionnelle, Agon
nous semble destiné à un brillant avenir; et la
grande route de Coutances à la mer, qui s'arrête en ce moment à l'église d'Agon, mais
qu'on va prolonger jusqu'au rivage, pour la
relier ensuite à celle de Coutainville, ne fera
que hâter cet heureux développement.

Et puisque nous parlons de l'avenir de notre

PENSIONNAT D'AGON

chère paroisse d'Agon, pourrais-je passer sous silence le sujet de nos meilleures espérances?

Les religieuses des Ecoles chrétiennes de la Miséricorde, de Saint-Sauveur-le-Vicomte, ont établi, il y a quelques mois, un pensionnat de jeunes filles dans le magnifique immeuble de feu Victor Lemare. Sous le rapport de l'instruction, de l'éducation et de la santé, cet établissement offre tous les avantages que les familles peuvent désirer pour leurs enfants.

« Inspirer avant tout aux enfants un grand respect pour la religion, et former leurs cœurs à la pratique de la vertu ; orner leur esprit de connaissances utiles, les initier aux soins du ménage et à tous les travaux manuels propres à leur sexe, afin de les mettre à même de répondre un jour aux exigences de leur position : tel est le but que ces religieuses se proposent (1).

Telle est aussi la seule vraie et solide éducation. Combien de jeunes filles, en effet, quittent le pensionnat à l'âge de dix-huit ou vingt ans

(1) Extrait du prospectus du Pensionnat d'Agon.

sans avoir aucune connaissance de la tenue d'une maison ? sans avoir la moindre idée de la vie pratique ?

Aussi bien ce pensionnat nous paraît-il appelé à un brillant avenir, et fécond en bienfaits, non seulement pour la paroisse d'Agon, mais pour toute la contrée.

D'ailleurs la modicité du prix de la pension permet aux familles d'y placer leurs enfants sans s'imposer de grands sacrifices (1).

Les pensionnats de ce genre sont plus utiles que les lycées de filles, et les jeunes personnes qu'on y instruit serviront mieux la société et procureront plus de consolation à leurs familles

(1) Les élèves forment deux divisions :

La première comprend les élèves au-dessous de treize ans, et celles qui après cet âge désirent compléter leur instruction ou obtenir le brevet. (Prix trente francs par mois.

La deuxième division comprend les élèves qui se livrent plus spécialement aux travaux· manuels : couture raccommodage, confection, blanchissage, etc. — Deux heures leur sont accordées chaque jour pour leur instruction. De cette sorte elles peuvent continuer et augmenter les connaissances déjà acquises. — Le prix de la pension dans cette division est de vingt francs par mois.

que les ridicules bachelières et les brevetées du degré supérieur.

Le radicalisme, la libre-pensée, ou pour parler plus clairement la franc-maçonnerie, a chassé Dieu de l'école ; et puisqu'on reconnaît l'arbre à ses fruits, nous pouvons maintenant apprécier, à leur juste valeur, l'école neutre et l'éducation sans Dieu. Ces précoces assassins, élevés en dehors de toute pensée chrétienne, nous disent assez ce que la société peut attendre de ces nouvelles couches sociales. Parents chrétiens, n'oubliez pas que l'école sans Dieu c'est le triomphe de l'esprit de ténébres, c'est la ruine de la morale, la ruine de la société, la ruine de la famille, la ruine des âmes, c'est, à brève échéance, la ruine de la France ! Ainsi pensent et raisonnent tous les hommes sérieux et intelligents

A. M. D. G.

T A B L E.

—

COUTANCES. — IMP. DE SALETTES.

COUTANCES. — IMPRIMERIE DE SALETTES

www.ingramcontent.com/pod-product-compliance
Lightning Source LLC
Chambersburg PA
CBHW071814090426
42737CB00012B/2080